HISTOIRE PITTORESQUE

DE LA

VILLE DE BARBENTANE

ET

DE SES ENVIRONS.

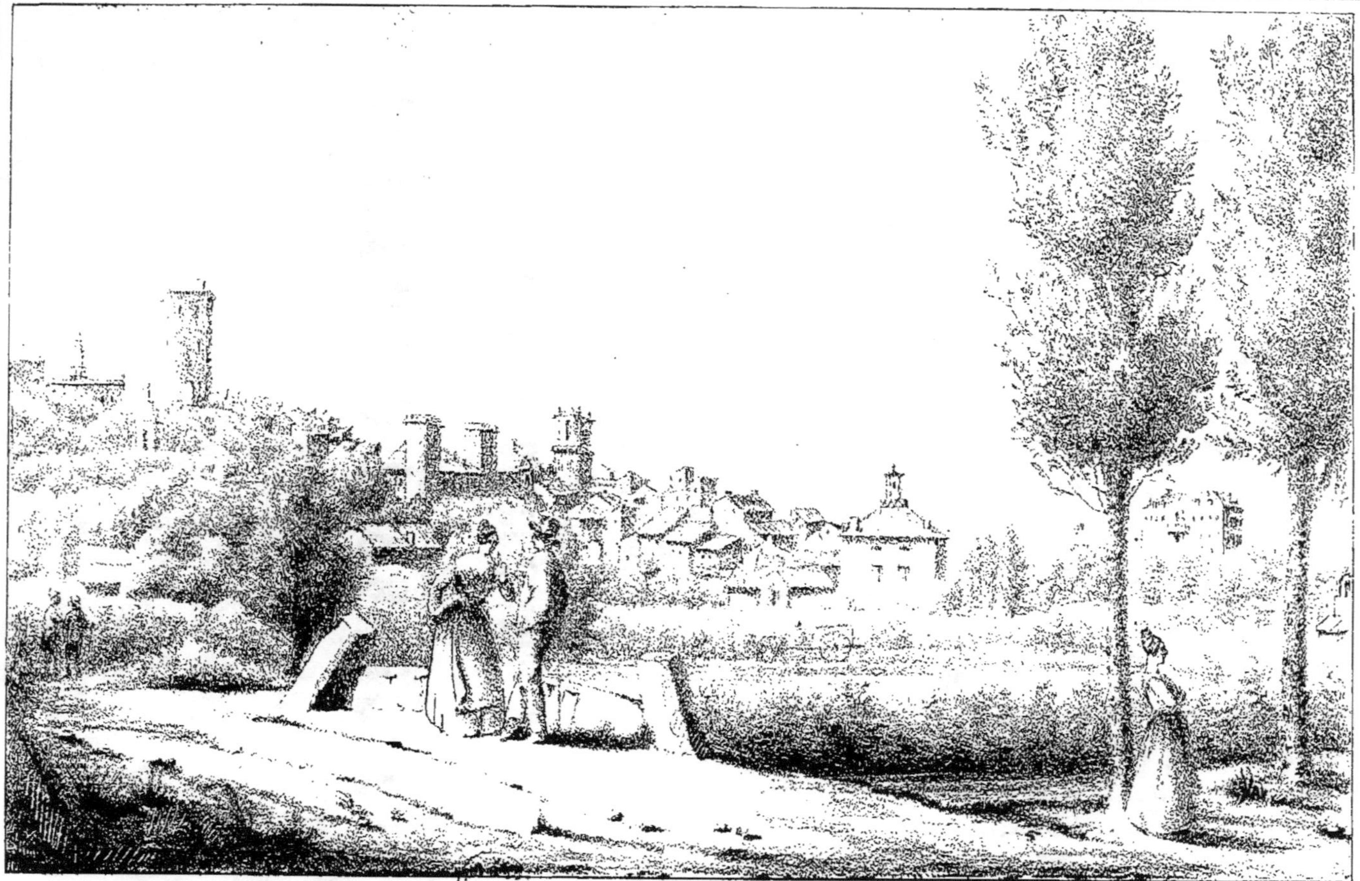

BARBENTANE.

HISTOIRE

PITTORESQUE

DE LA

VILLE DE BARBENTANE

ET DE SES ENVIRONS;

SES MONUMENS, FAITS DIVERS, MOEURS, USAGES,

TRADITIONS,

FÊTES, COSTUMES, LÉGENDES ET CHRONIQUES,

Depuis son origine jusques à nos jours.

PAR FONTAINE SÉBASTIEN, INST.

« A tous les cœurs bien nés que la Patrie est chère ! »
Pour moi j'y reconnais ma nourrice et ma mère,
Pour elle de tout temps j'ai palpité d'amour
Et je palpiterai jusqu'à mon dernier jour.

F. S.

TARASCON,

IMPRIMERIE D'ANTOINE AUBANEL, FILS AINÉ,

RUE DU REFUGE, 41.

1854.

Avis au Lecteur.

Je sens que c'est hardi, pour un instituteur,
D'aspirer follement au mérite d'auteur ;
Mais faut-il pour cela que j'étouffe la flamme
De l'indicible amour qui dévore mon âme
Pour mon Pays ?... oh ! non, mon cœur est trop jaloux
D'en exalter la gloire et les dons les plus doux.
Ne consultant donc point ma faible intelligence,
Je réclame de vous la plus grande indulgence.

Sonnet à Barbentane.

Sur les prés fleuris,
Riant Barbentane,
La moindre cabane
Offre un paradis.

Source inépuisable
Des dons les plus doux,
Ta plaine admirable
Nous réjouit tous.

Une vie active
Y remplit nos jours,
Et la gaîté vive
Règne en nos discours.

Bénissons donc l'être
Et nos bons aïeux,
Qui nous ont fait naître
En ces riches lieux.

Étymologie du nom de Barbentane.

Barbentane tient-il son antique origine
Des Barbares auxquels Bellinto dut sa ruine ,

> De *Barbari tenentes* , les Barbares l'occupant.

Ou du renoncement de nos vieux Bellintos
A l'île de Barban où ils étaient enclos ?

> Ou de *Barban tenentes* , tenant l'île Barban ;

La tient-il d'un usage établi chez nos pères
De porter longue barbe et cheveux de Berbères ,

> Ou de *Barbam tenentes* , portant la barbe ;

Ou du fait du héros qui saisit au menton
Un des chef Sarrasins plus altier qu'un lion ?

> Ou de *Barbam tenens* , saisissant la barbe ;

La chose nous paraît d'autant plus incertaine ,
Que de nombreux troupeaux occupant notre plaine
Ont pu donner sujet au nom capricieux
Du point qu'avaient choisi nos fidèles aïeux.

> Ou de *Berber* , *Berbis tenentes* , (vieux gaulois), des Brebis l'occupant.

DÉDICACE.

———

A Monsieur de Crevecœur, Préfet des Bouches-du-Rhône.

Monsieur le Préfet,

La confiance que j'ai en vos bontés, l'étendue de vos lumières, la sagesse et l'équité qui président à vos actes et spécialement votre tendre sollicitude pour nos moindres Cités, tout m'encourage à vous dédier ce Livre, qu'un *revers de fortune et le besoin de distractions me firent entreprendre.*

Daignez l'accepter comme un gage certain de mon profond respect et croire à l'assurance du bien sincère dévouement avec lequel

J'ai l'honneur d'être,

MONSIEUR LE PRÉFET,

Votre très-humb'e et très-obéissant serviteur,

SÉBASTIEN FONTAINE.

AVANT-PROPOS.

⋯⋯⋯

Bien convaincu que je trouverai dans mes Compatriotes de vrais et fervens amis du lieu de leur naissance, je leur offre ici un petit Ouvrage qui ne peut que les intéresser : c'est l'Histoire pittoresque du Bourg de BARBENTANE, depuis près de deux mille ans ; faible hommage rendu aux mânes de nos Pères, et où l'auteur s'épuise à les faire revivre;comme ample répertoire de précieux souvenirs ; c'est un meuble indispensable à tout Barbentanais.

A la vérité on n'y trouvera pas des idées neuves, un style riche et fleuri, des phrases ou mots sonores, ni des termes recherchés ; un récit vrai, simple, naïf, la plus fidèle chronologie, le plus d'ordre et d'exactitude possibles dans le classement et l'indication des monumens, des faits, ainsi que de leurs dates, tel en est le principal mérite.

J'avoue, en l'honneur des Écrivains qui ont traité ou fait des recherches sur Barbentane, que le fonds du présent Ouvrage ne m'appartient pas ; c'est plutôt une compilation de divers documens fournis par des confrères ou trouvés dans les archives, et de latins qu'ils étaient, traduits en notre langue, qu'une composition.

Aidé donc des lumières d'autrui, de la tradition orale, de l'existence des monumens, et déroulant ensuite les pages de l'Histoire, j'ai rédigé le présent Opuscule.

Quelques-uns de mes Lecteurs trouveront, peut-être, que je descends parfois dans des détails étrangers au sujet ou de peu d'importance ; d'autres, que j'entasse événemens sur événemens sans liai-

son aucune, ce qui est fastidieux ; je les prie de
convenir que tout dans mon écrit nous regarde
de près, ce qui doit nous suffire ; la critique est
facile et souvent bien maligne ; d'ailleurs, on ne
saurait comprendre combien il eut été difficile
d'enchaîner à son gré des faits incohérens et qui
sont bien souvent diamétralement opposés.

Quoi qu'il en soit, puissé-je par ce faible travail contribuer à la gloire de mes Concitoyens,
leur procurer à tous un agréable délassement et
perpétuer à jamais les traditions de ma chère
Patrie ! Tel est mon but et l'objet de mes vœux.

O Barbentane, ma Patrie !
Objet de mon plus tendre amour !
Pour l'étranger sujet d'envie,
Et pour tes habitans délicieux séjour ,
A te chanter je m'étudie,
Et veux te chanter nuit et jour :
Car mon bonheur est dans ta gloire ;
Heureux si mon faible pinceau
Peut retracer la belle histoire
De Barbentane, mon berceau.

Monumens , faits divers, dates et origines,
Le passé tout entier va sortir de ses ruines.

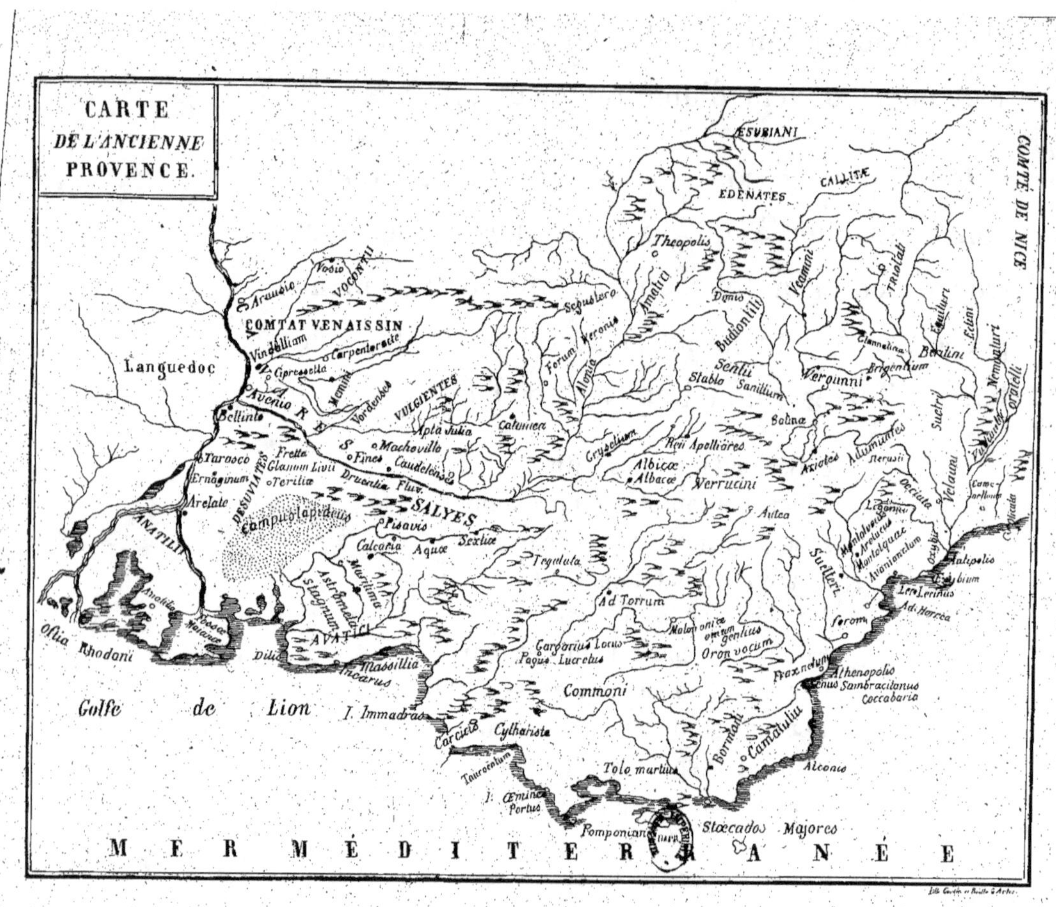

CARTE
DE L'ANCIENNE
PROVENCE.
COMTÉ DE NICE
ESUBIANI
EDENATES
CALLITÆ
Theopolis
Triolati
Dinio
Veamini
Vodio
VOCONTII
Segustero
Imatra
Edini
Feduluri
S. Arausio
Budionlii
Glannatina
Nempaluri
COMTAT VENAISSIN
Forum Neronis
Senlii
Veroinni
Brigantium
Alonia
Stabio Sanilium
Vindallium
Carpentoracte
Languedoc
Cipressella
Solinæ
Nerusii
Memini
Gryselium
Reii Apolliares
Axiolæs
Occitata
Avenio
Vordenses
VULGIENTES
Albicæ
Verrucini
Velauni
Bellinto
Apta Julia
Catuiiea
Albacæ
Malduvettus
Camc
Fretta
Machovillo
Areduria
Sarbuum
Tarasco
S. Fines
Antea
Montaiguac
Ernaginum
Glanum Livii
Caudelens
Avionionclum
DESUVIATES
Terilia
Druentia Fluv.
Sueltteri
Antipolis
Arelate
Lero Lerinus
campolophdeus
SALYES
Ad. Horrea
Pisavis
ANATILI
Calcaria Aquæ
Sextiæ
Marliana
Tegulula
Ferona
Astromela
Stoguium
Ad Torrum
AVATICI
Malonon oninium gentius
Oron vocium
Fraxnetum
Dilio
Garcorius Locus
Athenopolis
Tricarus
Pagus Lucrelus
Venus Sambracitanus
Massillia
Coccabaria
Golfe   de   Lion
I. Immadras
Commoni
Bornali
Camulliu
Corciers
Cylharista
Alconio
Taurcolium
Tolo martius
j. Œmino
Portus
Pomponiana
Staecados Majores
MER   MÉDITERRANÉE

HISTOIRE

PITTORESQUE

DE LA

VILLE DE BARBENTANE.

CHAPITRE PREMIER.

L'origine de BARBENTANE, ou de l'ancien BELLINTO, étant de la plus haute antiquité et se perdant dans la nuit des temps, nous ne pouvons donner de sa date précise qu'une idée approximative ; cependant, ayant en main des faits et des circonstances qui se rattachent à ces vieux temps, nous nous empressons de les soumettre à l'appréciation du lecteur.

Il paraît, d'après les anciennes Cartes et la Statistique de notre département, que l'ancien Bellinto, comme les plus anciens pays de la Basse-Provence, fut habité d'abord par les Celtes, les Grecs, les Volsques, établis, selon Tite-Live, sur les deux rives du Rhône; les Liguriens et en particulier par les Désuviates, peuples qui, nourris de fruits sauvages et vêtus de peaux de bêtes, occupaient tout le pays compris depuis les bords de la Durance et du fleuve du Rhône jusques au-dessous d'Arles, où commençaient, en allant sur la Camargue, les possessions des Anatiliens, *Anatilii*, mot celtique, signifiant habitans d'une île ou d'une terre fertile, ce qui convient très-bien à l'île de Camargue, *Regio anatiliorum*, dit Pline, *et intùs Desuviatum Cavarumque*, le pays des Anatiliens et au-dessus celui des Désuviates et celui des Cavares. A l'est des Désuviates, du côté d'Orgon, d'Aix et de Marseille, résidaient les Saliens.

Comme tous les autres pays, *Bellinto* ne fut d'abord composé que d'habitations isolées, et sa langue ou jargon, un mélange de celte, de grec et de ligurien, témoins et pour garants un grand nombre de mots usités de nos jours et tirés de ces peuples.

Mais à peine les Romains se furent-ils rendus maîtres de la Basse-Provence, que, comme partout, les habitans de *Bellinto* se civilisèrent, la langue s'épura, la terre fut mieux cultivée, et la navigation du Rhône et de la Durance, favorisant les hôtelleries situées sur la rive gauche, des agglomérations de maisons commencèrent à s'y former. Bellinto fit donc bientôt partie de la province romaine, laquelle, comme on sait, prit, sous Auguste, le nom de Gaule narbonnaise, et, au sixième siècle, celui de Provincia ou simplement *Provence*. Les parties essentielles de l'habillement des peuples dont nous

parlons, étaient les *bracceæ* ou brayes, le sagum ou
sayes. Ces vêtemens étaient de peau chez les Liguriens,
au rapport de Diodore de Sicile. Les brayes étaient larges et courtes ; on se couvrait quelquefois les jambes de
certaines bandes de peau liées avec des lanières et rat-
tachées aux sandales. La saye n'était dans l'origine qu'une
peau de mouton ou de bête fauve, posée sur les épaules et fixée au-devant par un os ou par une cheville de
bois.

Les Liguriens, comme les Gaulois, portaient la barbe
et les cheveux longs ; leurs armes furent d'abord fort
grossières : c'étaient des lances, des hâches de jade, des
flèches armées d'os, et des boucliers d'osier tout recouverts de peau. Cependant, les Phocéens et les Romains
venant ensuite dans nos contrées fonder des colonies,
changèrent ce costume.

Pour ce qui nous concerne, deux raisons fort plausi-
bles nous portent à penser que l'ancien Bellinto remonte
à ces vieux temps, au temps même des Liguriens. D'abord,
parce que, comme nous le verrons, son étymologie dérive de leur langue, et, ensuite, parce que, dans une
ancienne carte placée en tête de l'histoire de Provence
par le célèbre Bouche, et intitulée : *Provinciæ romanorum antiquæ quæ Celtoliguria et Galloliguria olim dice-
batur, Chorographia*, nous voyons avec plaisir figurer
Tarasco, Bellinto, Ernaginum et Glanum ; tandis que nous
ne pouvons y voir Châteaurenard, ni Graveson, ni Rognonas, ni Boulbon ; Bellinto a donc sur eux le mérite de
l'âge, une honorable priorité ; nous n'avons pour nous en
convaincre, qu'à jeter un regard sur la Carte suivante,
extraite de l'Histoire du savant père Papon.

Toutefois, n'ayant jusqu'au neuvième et au dixième siècle rien de bien précis sur l'origine de l'ancien Bellinto, et ne trouvant dans les histoires générales aucun fait mémorable qui s'applique exclusivement à notre pays, nous donnerons ici les plus intéressans détails de ce qui se passa, durant cet intervalle, sur la rive gauche du Rhône entre Arles et Avignon, toutes choses qui, étant considérables et singulièrement frappantes, n'ont pu que rejaillir sur notre mère patrie. En effet, si dans les pays limitrophes, tels qu'Arles, Tarascon et Avignon, il est survenu des campemens illustres et les plus terribles fléaux, comme irruptions des Barbares, guerres sanglantes, persécutions, pestes, famines ou inondations, nos ancêtres, sans doute, ont dû les ressentir, ainsi donc ne sera-t-on pas fâché de les retrouver ici.

C'est au bout de l'île de Courtine, un peu au-dessus du confluent de la Durance, près de l'emplacement de l'ancien Bellinto que, l'an deux cent dix-sept avant l'ère chrétienne, Amnibal, général Carthaginois, revenant d'Espagne, fit passer le Rhône à ses troupes. Tite-Live nous le fait ainsi comprendre, et Polybe, un des plus anciens auteurs, raconte qu'Amnibal, arrivé près du Rhône, ayant établi son camp à quatre journées de marche de la mer, où se trouvait un seul courant, tâcha de le traverser : *Amnibal simul accessit ad fluvium, cùm quatuor dierum iter abessent ejus castra à mari essetque eò loci simplex amnis Alveus trajicere statim copias conabatur.* POLYBE, Liv. III, pag. 19.

Or, il n'existait alors, comme il n'existe aujourd'hui, qu'un seul grand courant au-dessus de Courtine ; le Rhône et la Durance coulaient plus près de nous et n'avaient leur confluent qu'au-dessous de Bellinto, ce qui rendait l'espace compris sur l'autre rive infiniment plus grand et plus propre à camper, ainsi que le prouvent nos plus anciennes cartes; d'ailleurs, de si fortes colonnes de troupes, emmenant avec elles grand nombre d'éléphans, cinquante mille fantassins et neuf mille chevaux, durent bien mettre quatre jours pour venir de la mer au bord du Rhône que nous assignons.

De plus, nous lisons dans une dissertation, placée à la suite d'un choix de narrations extraites de Tite - Live, que tous les historiens s'accordent à dire qu'Amnibal arriva près du Rhône, vis-à-vis de la plaine qui sépare Avignon de la Durance; que, de là, il dépêcha Hamnon qui alla traverser le Rhône au-dessus de Roquemaure, ce que, des hauteurs de Château-Neuf, ce dernier annonça à son frère; donc il paraît démontré, conclut l'auteur de la dissertation, que le passage des troupes d'Amnibal s'effectua au-dessous d'Avignon, qui est à seize lieues ou quatre journées de l'embouchure du Rhône dans la mer.

Nous lisons aussi dans la Statistique de notre département, qu'il y a environ 70 ans, un nommé Daillan Barthélemy, de Maillane, creusant une cave dans sa maison, trouva un squelette entier de douze pieds de longueur, dont les os se brisèrent tout de suite, et l'explication la plus exacte de ce fait, fut que ledit squelette n'était autre chose qu'un éléphant laissé en arrière par Amnibal, après son passage du Rhône.

Nous citerons, enfin, comme grave autorité confirmant notre opinion, une carte ancienne reproduite en latin par M. Toulouzan, sous la direction de M. le comte de Villeneuve, et dressée conformément à l'état des lieux du temps des Romains, ainsi qu'à leurs vieilles mesures ou échelles par milles, où l'on voit écrit au bout même de Courtine : *transitus Amnibalis*, passage d'Amnibal.

Si, au contraire, nous plaçons, comme ont fait plusieurs savans, le passage des troupes d'Amnibal entre Roquemaure et le Pont-Saint-Esprit, il nous sera imposble de supposer qu'il n'y eut de la mer à l'endroit précité que quatre journées de marche, vu le grand nombre de troupes et l'embarras de trois cents éléphans.

Quoi qu'il en soit, le général carthaginois bravant les cris tumultueux et les armes scintillantes des habitans des deux rives du Rhône, lesquels, branlant leurs traits et leurs boucliers, comme pour l'intimider, étaient venus lui en disputer le passage, fit d'abord passer les éléphans au moyen de barques et de radeaux construits avec des arbres arrachés sur les lieux ; à la vérité, quelques-uns tombèrent dans l'eau, mais ils arrivèrent au rivage comme les autres, sans qu'il s'en noyât un seul. Cependant Amnibal, craignant d'être surpris par les troupes romaines, avait envoyé, au-dessous de Tarascon, cinq cents cavaliers numides pour examiner où était le camp romain, quelles étaient ses troupes et à quoi elles se disposaient ; ceux-ci, rencontrant sur les bords du Rhône cinq cents cavaliers romains, leur livrèrent aussitôt un sanglant combat ; il y eut, de part et d'autre, un horrible massacre ; la victoire pourtant demeura aux Romains, et chacun des cavaliers survivans retourna vers ses chefs. Or, quand même nous supposerions que le passage des troupes d'Amnibal s'est effectué entre Roquemaure et le Pont-Saint-Esprit, pouvons-nous raisonnablement douter, eu égard aux autorités tout comme aux circonstances que nous venons d'exposer, que quelqu'un des faits, énoncés ci-dessus, se soit passé près de nous ?.....

Un événement non moins remarquable s'accomplit jadis aux environs de l'ancienne Bellinto : c'est le campement d'un corps d'armée du vaillant Marius. Toute la Gaule étant devenue province romaine, dit un auteur latin, Marius campa près d'un village au confluent du Rhône et de la Durance, en allant à la rencontre des Cimbres, des Teutons et des Ambrons, pendant que Catulus, l'autre consul, les attendait dans les Alpes ; car, ces peuples barbares, venus d'Espagne, voulant pénétrer en Italie, s'étaient séparés en deux corps d'armée ; en vérité, on ne saurait s'y méprendre, ce village, au confluent du Rhône et de la Durance, dont il est ici parlé, ne peut être que Bellinto, et Marius vivant 120 ans ou même 130 ans avant Jésus-Christ, nous pouvons sans crainte faire remonter son origine à 120 ans au moins avant l'ère chrétienne.

Nous apprenons aussi de l'histoire romaine que le romain Pompée ayant complètement défait les habitans du Vivarais, de Vaison et des pays inférieurs, vint de ce pas battre les autres peuples habitant le long du Rhône, jusqu'aux environs d'Arles, livrant incontinent au peuple Marseillais les deux rives du fleuve, lesquelles évidemment comprenaient notre plaine.

Voulons-nous d'autres faits ? des monumens anciens, tels qu'une médaille en bronze et quantité d'inscriptions viendront nous attester que du temps des Romains il existait à Cavaillon un corps de bateliers utriculaires, lesquels dirigeant sur le Rhône et la Durance des radeaux formés d'outres recouvertes de planches, apportaient de Marseille et d'Arles des marchandises chez les Cavares , les Voconces et les Tricastins , déposant souvent leurs charges au premier bac de la Durance , où passait la voie romaine et d'où , au moyen de charriots , on les transportait à Avignon.

De tels faits , assurément , ne peuvent que se rapporter à notre vieille patrie , vu son heureuse position , son bac-à-traille et son pont de bois où venait aboutir ladite voie romaine de Nîmes à Avignon , passant même par Bellinto , reconnu lieu de relâche. En effet , la table de Peutinger , ou l'itinéraire de Bordeaux à Jérusalem , écrite vers la fin du règne de Constantin , l'an de Jésus-Christ 335 , et les quelques explications que nous avons à donner , vont nous le faire comprendre.

Voie Romaine Aurélienne de Nîmes à Avignon.

NEMAUSO. . . . . — Nîmes.	» »
MUTAT. PONTE ÆRARIO. . . . — Pont de Belle-Garde.	XII.
CIVITAS ARELATE. . . . . . . — ARLES	VIII.
MUTAT. ERNAGINE , ERNAGINUM. — St.-Gabriel	VIII.
MUTAT. BELLINTO. . . . . . . — Barbentane ou les Aubes.	X.
CIVITAS AVENIONE. . . . . . . — Avignon.	V.

TOTAL de Nîmes à Avignon. . XLIII mil.

Cette voie passait donc à Ernaginum qui , joint au mot précédent *mutat.*, signifiait changement de chevaux.

Il est à remarquer que dans Strabon et dans Ptolémée même, il est parlé d'Ernaginum ainsi que de Bellinto, et dans la vie de [Saint-Césaire, archevêque d'Arles, qui vivait environ l'an 530, en la première partie de la Chronologie de Lérins, il est dit que ce Saint guérit miraculeusement, au lieu Ernaginensi, un Libérius, patrice, blessé à mort d'un coup de javeline, par les Visigoths, sur les bords de la Durance; ce qui prouve évidemment que ces peuples barbares désolèrent nos contrées; notez qu'Ernaginum et Bellinto étaient, dans les premiers temps, des bourgs considérables, puisqu'au rapport de notre Statistique, aux trois premiers siècles même, on attribue à ce dernier, toujours écrit en plus grands caractères que les noms des autres bourgs, environ trois mille âmes.

D'Ernaginum, aujourd'hui Saint-Gabriel, à Bellinto, on comptait MPX. dix milles. La route en ligne droite conduisait juste au-dessous de Barbentane où tous les commentateurs placent l'ancien Bellinto; cette route, ajoute la Statistique, traversait les petites montagnes qui sont à l'est du Rhône dans les territoires de Tarascon, de Boulbon et de Barbentane, et se trouvait sur plusieurs points taillée dans le roc; c'est de quoi on peut s'assurer par les traces des charriots trouvées à Gratte-Semelle, à St.-Michel-de-Frigolet et même au mas de Martin; de plus, voici ce qu'on lit à l'article Bellinto dans un dictionnaire latin, traitant des postes renommés établis sur la voie romaine : *Deflectit itinerarii auctor, itinerarium Antonii ductum secuti obeunt magnoque circuitu in Delphinatum quem vocant, properat, distancia ducit ad Barbentana ubi Durantiam illi trajiciunt qui Ernagino Avenionem petunt.*

« L'auteur de l'itinéraire donne à celui d'Antoine un grand

» détour qui le fait aller passer dans les pays qu'on nomme
» Dauphiné, ajoutant que sa distance mène à Barbentane
» même, où ceux qui vont d'Ernaginum à Avignon traver-
» sent la Durance ».

Il est à remarquer que du temps des Romains la Durance
qui, d'après une carte fort ancienne reproduite par Bouche,
ne formait autrefois qu'un seul et grand courant, assez di-
rect et assez resserré, ce qui le rendait navigable, la Durance, dis-je, coulait au premier siècle assez près de Bellinto : l'espace d'environ un mille qui l'en sépare aujour-
d'hui a été comblé depuis par les atterrissemens ; de plus,
il conste que dans les premiers temps, il y avait un bac à
Bellinto pour passer la rivière ; or, il est digne de remarque
que sur la Durance tous les lieux où il y avait des bacs
avaient dans leurs noms la syllabe *Bel* ; comme *Bellinto*,
Barbentane ; *Cabellio*, Cavaillon ; *Mirabel*, Mirabeau.

Il paraît que c'était là le nom que les Liguriens don-
naient aux barques qui traversaient les rivières. D'un autre
côté, le confluent du Rhône et de la Durance étant tout près
de *Bellinto*, on devait aller avec des barques dans ce dernier fleuve, et cette position devait avoir beaucoup d'a-
vantages pour le commerce. On pourrait, d'après ces observations, regarder le mot de *Bellinto* comme composé de
Bel, qui signifie bac, et de *Linter* ou *Linto*, qui signifie
barque, ce qui attesterait un endroit où il y avait à la fois un
bac pour traverser la Durance et des barques pour navi-
guer sur le Rhône. Le mot Linter, en passant du Ligurien
dans le latin, a pris la terminaison en *er* ; mais dans le
mot *Bellinto*, la terminaison ligurienne s'est conservée ;
on appelle encore sur la côte les petites barques *Lintoo*.

En langue celtique, *Bel* signifie embouchure ; *aoo*, *aun*, rivière , grand courant ; or, la Durance , au grand et rapide cours , avait bien son embouchure au-dessous de Bellinto , où se trouve le mot *Bel.*

Le grec Βέλος , trait, dard ou flèche , et le latin *Bellum, Belli* , signifiant la guerre , ont aussi quelque rapport avec l'ancien *Bellinto.*

En vieux gaulois même , le mot *Bellinto* signifie beau bac ; c'est donc au bac de Durance ou à son embouchure , ou à quelque exploit militaire qu'il faut attribuer le nom de *Bellinto* ; à moins qu'on le tire du grec : Βέλτιστος Λίθος , belle pierre , en raison de ses carrières.

La Table de Peutinger nomme encore les Aubes le bourg dont nous parlons ; la raison en est , sans doute , de la multitude d'arbres qui peuplaient nos hauts quartiers.

Indépendamment du bac , il y avait encore au-dessus de *Bellinto,* un pont de bois sur la Durance , à l'endroit même où aboutissait naguères le chemin de Tarascon à Avignon ; la voie romaine remontait la rive gauche de la Durance à trois milles au-dessus de *Bellinto,* et passait sur ce pont qui conduisait à Avignon. Effectivement , c'est la distance , par cette route , que suivaient encore en 1820 les habitans de Barbentane.

Quant à l'endroit précis où il était situé , la Table de Peutinger qui le met à cinq milles d'Avignon , et la tradition fondée sur quelques traces découvertes jadis au quartier de Saint-Jean , nous le font assez comprendre. Il est fâcheux , seulement , que le temps , ce terrible fossoyeur des hommes et des choses , ait tout fait disparaître.

Pour moi , dans l'hypothèse , voici mon sentiment :

> Depuis long-temps , hélas ! je cherche en vain des yeux
> L'antique Bellinto , séjour de mes aïeux ;

J'ai fouillé, j'ai creusé, j'ai consulté mes pères,
Sans pouvoir découvrir des Reliques si chères !
Il me fut assuré par plus d'un habitant,
Qu'il exista, jadis, au quartier dit Saint-Jean.
J'eusse bien volontiers consulté les Sybilles :
D'Avignon, à ce point, ayant compté cinq milles,
Ce que l'itinéraire annonce comme tel,
J'étais vraiment tenté d'y dresser un Autel.

En effet, d'après les vestiges qu'on a trouvés et qu'on trouve chaque jour au quartier de Saint-Jean, où nos aïeux apprirent à nos pères et par eux à nous-mêmes qu'il y avait une tuilerie et l'église de Saint-Jean, laquelle fut, sans doute, la première paroisse ; d'après la position qu'on assigne à une nouvelle paroisse, établie plus tard, où est actuellement le couvent des Observantins, l'ancien Bellinto était situé non à deux kilomètres, comme nous le dit la Statistique, mais à deux cents mètres seument du bourg de Barbentane, du côté du nord, sur un terrain qui fut d'abord envahi par les eaux du Rhône et de la Durance, dont on voit les anciens bords, mais qui redevint terre-ferme par les alluvions ou atterrissemens, grâce aux fortes digues qu'y élevèrent les Romains pour contenir le fleuve.

Enfin, il ne peut y avoir de doute sur l'emplacement que nous assignons à l'ancien Bellinto, puisque lors de la fondation du couvent des Observantins, au quinzième siècle, on trouva, sur la rive gauche de la Durance, une pierre milliaire qui fut sciée par le milieu et les deux tronçons furent placés dans l'église de ces religieux, où il y a vingt ans seulement on en voyait encore un. Ce tronçon

avait un mètre dix de hauteur et 0 65 centimètres de diamètre ; à la vérité, les caractères en étaient frustes et illisibles ;
cependant M. Toulouzan y déchiffra les trois lettres suivantes MP.I...., ce qui devait être *millia passuum*, suivis du
nombre des milles en chiffres romains I..., lequel, tout
bien considéré, ne pouvait dépasser quatre, il ne pouvait
y avoir que deux ou trois milles au plus, vu la proximité
du bourg deBellinto et la note de notre Statistique attestant,
comme nous venons de voir, que la voie romaine remontait
la rive gauche de la Durance trois milles au-dessus de
Bellinto, jusqu'à un pont de bois construit sur la rivière,
à l'endroit même où aboutissait, il y a peu de temps,
le chemin de Tarascon à Avignon, c'est-à-dire, à Geor-
get, d'où, au quartier Saint-Jean, nous trouvons nos trois
milles.

D'où vient maintenant qu'il n'y reste plus rien ? est-ce
l'effet d'une invasion des Barbares, des ravages des fleuves
ou le simple résultat de la destruction du temps ? le nom de
Bellinto disparaissant dans le huitième siècle, époque où
les Barbares venaient d'anéantir les deux villes voisines
Fretta et *Ernaginum*, le premier sentiment nous paraît
très-fondé.

Quoi qu'il en soit, nous pouvons affirmer que dans les
premiers siècles l'antique *Bellinto* fut un port de relâche pour les chevaux des Romains, comme pour les bateaux naviguant sur le Rhône.

Connu plus tard et désigné dans nos archives sous
les divers noms de Barbentane, d'abord, depuis son rétablissement au penchant du côteau, jusqu'au douzième
siècle ; de Berbentane, ensuite, jusqu'au seizième siècle,
et depuis cette époque jusqu'au moment présent, réintégré

dans ses noms primitifs de Barbantane ou Barbentane ; écrit indistinctement par un *e* ou par un *a*, il est aujourd'hui situé sur le penchant de la côte voisine, à 2 kilomètres environ (demi-lieue du Rhône et de la Durance), 12 kilomètres 5 (trois lieues) nord-est de Tarascon, 9 kilomètres (deux lieues) ouest de Châteaurenard, son chef-lieu de canton.

Disposé en amphithéâtre, il offre, surtout du côté du nord, une vue singulièrement pittoresque. Ce serait ici le lieu de démontrer au lecteur comment le nom de Barbentane remplaça autrefois celui de Bellinto ; mais astreints que nous sommes à l'ordre chronologique, nous devons auparavant nous entretenir des siècles de barbarie.

CHAPITRE II.

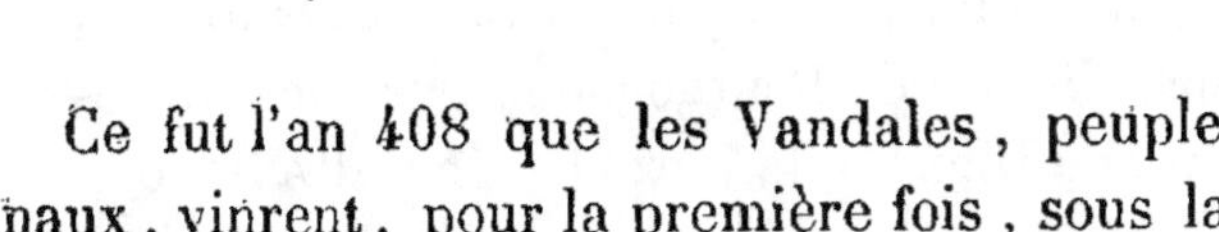

Ce fut l'an 408 que les Vandales, peuples septentrio=
naux, vinrent, pour la première fois, sous la conduite de
leur roi Crocus, envahir la Basse-Provence, saccageant
Avignon et Arles, ainsi que nos villages. Leurs habitans,
hélas ! y respiraient à peine, que les Visigoths inondant nos
contrées, vinrent commettre partout les plus horribles déprédations, enlevant ou brûlant les récoltes et les bestiaux,
arrachant les vignes, les oliviers, et détruisant jusqu'aux
maisons de campagne. Dieu ! que de maux alors et quelle
désolation pour nos bons aïeux !

Cependant, après avoir passé, selon nos historiens, 26
ans sous la domination du peuple Visigoth, et 33 sous
celle des Bourguignons, la Basse-Provence passa irrévo-
cablement au pouvoir des Ostrogoths ; ce fut l'an 440 que
Théodoric, roi des Ostrogoths, triomphant des généraux
de Clovis, sous les murs même d'Arles, enleva aux Bour-

guignons tout ce qu'ils possédaient dans la Basse-Provence et au Comtat venaissin. Ce roi, au cœur sensible et plein d'humanité, contribua puissamment au soulagement du peuple, en le déchargeant d'impôts et en traçant lui-même aux gouverneurs des villes leur règle de conduite.

A quelque temps de là, Sigebert, roi d'Austrasie, ayant eu en partage, de son mariage avec Brunehaut, la province Marseillaise, qui comprenait les diocèses de Marseille, d'Aix et d'Avignon, et ayant ravi à Gontran la province d'Arles, devint maître de notre pays. Grâce à son humeur bienfaisante et à ses vertus guerrières, il ne se commit pas d'horreurs sous son administration; mais, en 568, les Lombards, ayant envahi le Dauphiné, battu les troupes du roi de Bourgogne, ravagé les diocèses de Sisteron, de Digne, de Riez et même d'Avignon, descendirent jusqu'à Arles, enlevant sur leur passage les hommes et les bestiaux. Cependant, le général Mummol, que Gontran avait créé patrice, apprenant les dégâts que les ennemis causaient sur les terres de son maître, fondit sur eux, et *tant en occiit*, dit la chronique de Saint-Denis, *qu'il les mena à souveraine déconfiture*.

Peu de temps après, les Saxons, originaires de Germanie, quittant leur patrie, vinrent dans nos contrées conforter les Lombards, union, hélas! bien fatale au pays; car, les deux corps d'armée s'étant réunis les derniers jours de juin, sous les murs d'Avignon, coupèrent les blés qui étaient déjà mûrs, ne laissant pas même aux cultivateurs de quoi fournir à la semence. Pour comble de désastres, le roi des Visigoths, jaloux de leurs conquêtes, s'avança, à grandes journées, sur les bords du grand fleuve (le Rhône), dissipe les troupes de Gontran ; et vient, en 485, commettre, aux environs d'Arles, les plus affreux dégâts ; mais pouvons-nous douter que sur tant de peuples dévastateurs, lesquels probablement suivaient tous la voie romaine, il ne s'en soit trouvé plusieurs qui aient dévasté Bellinto ?

Ce n'est pas tout, la peste qui, dans le courant de ce siècle, était venue jusqu'à quatre fois, la peste vint, en 489, désoler nos aïeux, et elle fit de tels ravages que, s'il faut en croire Grégoire de Tours, des maisons entières devinrent des sépulcres et les villes et les villages de vastes cimetières ; c'était évidemment le siècle des malheurs ; car, il finissait à peine, qu'un mal horrible, la *lèpre*, déploya aux yeux de nos ancêtres tout ce qu'elle a d'effrayant. Après avoir fait tomber tous les poils du corps, cette terrible maladie le couvrait de pustules, d'ulcères et de croûtes sillonnées par des gerçures ; le malheureux qui en était atteint présentait à la vue un aspect si hideux, qu'on le séparait même de la société. Pour comble de désastres, le Rhône et la Durance vinrent à cinq reprises envahir nos campagnes et ruiner nos moissons ; c'est pourquoi nos contrées, tantôt livrées à l'autorité arbitraire des gouverneurs, tantôt envahies par les Barbares, tantôt désolées par la peste, tantôt dévastées par le débordement du Rhône et de la Durance, n'offraient plus, après le sixième siècle, qu'un spectacle d'horreur.

Le lecteur a dû s'apercevoir que nous nommions souvent le Rhône et la Durance ; ces fleuves, longeant toute la partie nord de notre territoire et en même temps qu'ils en sont un des plus beaux ornemens et la source première de sa fécondité, s'en trouvent quelquefois les terribles fléaux ; nous croyons à-propos de lui expliquer ici ce qu'ils furent jadis.

Le Rhône doit, selon Pline, son étymologie à la ville de Rhodé, ancienne colonie Rhodienne de nos contrées méridionales. D'autres la font venir du celtique Rodur, d'où le latin Robur, qui signifie force ; et quelques-uns, enfin, du mot ligurien *Rad*, qui signifie roue, tous mots exprimant assez énergiquement son cours impétueux. Quoi qu'il en soit, voici ce que nous avons de plus intéressant à dire sur l'ancienne direction du majestueux fleuve.

Le Rhône a, comme on sait, son origine en Suisse, au mont dit de la Fourche, à l'extrémité orientale du Valais, passe à Sion, traverse le lac de Genève et descend vers Lyon, où il reçoit la Saône, l'Isère ensuite, la Drôme, l'Ardèche, l'Aygues, l'Ouèse, les courants de Vaucluse, la Sorgue et la Durance, rivières qui, parfois, grossissant à vue d'œil, lui donnent cette prodigieuse masse d'eau répandue dans nos campagnes.

Quant à son premier cours, aux environs d'Avignon, il le prenait, nous dit-on, dans une vallée étroite au-delà du Mont-Andéon, appelé aujourd'hui montagne Saint-André, ledit mont ne fesant avec le rocher des Doms qu'une chaîne de montagnes ; on fonde cette assertion, d'abord, sur ce qu'en creusant au-delà du Mont-Andéon, on a trouvé des graviers indiquant le lit du fleuve, et, ensuite, sur une charte, découverte par M. Bernard, il y a une soixantaine d'années, dans les archives de l'université d'Avignon, attestant que dans le septième siècle on allait à pied sec d'Avignon au Mont-Andéon : *ab Avenione ad Montem Andeonem sicco pede progredi licebat.* Dans un de ces cataclysmes qui nous sont inconnus, le Rhône, rongeant et renversant ses digues, s'entrouvrit une route du côté d'Avignon, laissant à sa gauche le rocher des Doms. On ne doit pas tout d'abord traiter cela de fable, car personne n'ignore les changemens divers qu'ont fait subir au fleuve ses terribles inondations ; nos plus anciennes cartes et la tradition même, portent qu'à sa descente de Villeneuve ; le Rhône venait battre et côtoyer nos montagnes au-dessous de Bellinto, et nous pouvons tous nous convaincre, par le témoignage de nos pères, qu'au dix-huitième siècle encore la colline de *Montfrin* était attenante à celle de *Vallabrègues*, le Rhône ayant son cours à l'est de ce village ; le monticule qui reste à l'endroit même où est son cimetière et les nombreux graviers qu'on trouve dans la plaine, nous le font assez comprendre ; il n'est donc pas impossible que le fleuve du Rhône ait coulé au-delà du Mont-Andéon et qu'il se soit ensuite entr'ouvert une voie où il coule aujourd'hui ; ce qu'il y a de certain, c'est qu'il a sillonné, dans la suite, toute la partie nord de notre territoire, et qu'à mesure qu'il s'est éloigné du côteau où nous sommes, il a laissé des ermas ou lieux marécageux que les dépôts du fleuve et les soins incessans de nos compatriotes ont rendus si fertiles. Mais reprenons enfin le fil de notre histoire.

En 726, les villes d'Avignon, de Tarascon et d'Arles, venant d'être livrées, par la trahison du patrice Mauronte, aux fureurs des Sarrasins, eussent infailliblement péri sans la vigoureuse résistance des peuples établis sur la rive gauche du Rhône, de nos ancêtres, par conséquent : animés par Charles-Martel, ils repoussèrent en vainqueurs ces hordes de brigands ; malheureusement, par un nouveau trait de perfidie et pendant que Charles-Martel fesait le güerre en Saxe, les féroces Sarrasins reparurent dans nos plaines. Ennemis jurés de la religion chrétienne, avides de pillage et altérés de sang, ils commirent partout les plus affreux dégâts, pillant les villes et les villages, mettant le feu aux églises, violant les vierges, massacrant les moines et les pauvres laboureurs, les privant de nourriture ou les laissant mourir de faim. Informé de tant de brigandages, Charles-Martel, assisté de son frère Childebrand, se mit aussitôt en marche et vint à leur tête assiéger Avignon, dont les Barbares avaient fait leur principale place; il y mit en entrant tout à feu et à sang, et pénétrant dans notre pays, que ces peuples dévastaient, l'en délivra ainsi qu'Arles, Aix et Marseille, repoussant les ennemis dans les montagnes des Alpes; de là, revenant comme un torrent dans le Bas-Languedoc, il saccagea les villes qu'il prit aux Sarrasins; mais, hélas! faute de s'être assuré par de fortes garnisons le fruit de ses conquêtes, à peine entrait-il dans Paris, chargé de leurs dépouilles, qu'il apprit que Mauronte, redescendu des Alpes, ravageait de nouveau nos contrées du midi. Sans tarder il amène son frère Childebrand, ainsi que tous les comtes qui servaient dans son armée et se liguant avec Luitprant, roi des Lombards et possesseur des Alpes, il revient à Avignon écraser les Sarrasins comme le marteau écrase le fer. Ne croyez pas que nous nous égarions, car c'est à cette dernière incursion du peuple Sarrasin, dans le cours de 730, que, d'après Papon, nous devons attribuer l'entière destruction de la ville de *Fretta*, sise tout près de nous. Le souvenir pourtant ne s'en éteignit pas, puisque la partie nord du terroir de Graveson conserva long-temps ce nom; nous en trouvons une preuve plus de deux siècles après dans une cartulaire tirée de l'abbaye de Saint-André-de-Villeneuve, renfermant le testament d'un évêque d'Avignon, en 982. En voici les propres termes et la traduction après. *Ego Varnerius Avenionensis episcopus dono…. monachis qui sunt in cœnobio sancti Andreœ et sancti Martini quod esse constat infrà nostram diœcesim in monte Andaone, super fluvium Rhodani ecclesias ultrà fluvium Durentiœ in agro frettensi, ad radicem montis Gauzerii, sanctœ Mariœ et sancti Stephani, sancti Joannis, sancti Quiricii, nec non sancti Andreœ et sancti Pauli et in alio loco ibidem adhœrentes juxta viam Arelatensem.*

Actum publicè Avenione, pridiè nonas maii anno dominicœ incarnationis DCCCCLXXXII (982), indict. Xa. sancti Varnerii humilis episcopi qui hoc testamentum scribi et firmari jussit.

« Moi, Varnerius, évêque d'Avignon, je donne aux moi-
» nes qui sont dans le monastère de Saint-André et de Saint-
» Martin, que nous savons tous être situé sous notre dio-
» cèse, au Mont-Andaon et au-dessus du fleuve du Rhône,
» les Églises au-delà de la rivière de Durance dans le ter-
» ritoire de Fretta, auprès du Mont-Gausier, de Sainte-
» Marie et de Saint-Étienne, de Saint-Jean, de Saint-Qui-
» rice, comme de Saint-André et de Saint-Paul, ainsi
» qu'en un autre lieu où il s'en trouve d'adhérentes, tout
» près du chemin d'Arles. Fait et passé à Avignon, la veille
» des nones de mai, l'an de l'incarnation du Seigneur
» 982, sous le sceau de Varnerius, humble évêque d'Avi-
» gnon, qui a fait écrire et sceller le présent testament ».

Voici donc maintenant ce que nous en pensons : d'abord, il est évident, par l'inspection de la carte que nous produisons plus haut, que cette ville de *Fretta* était située à une faible distance du village actuel qu'on nomme Graveson, peu au-dessous de Rognonas, par conséquent près de nous. De plus, nous croyons voir dans cette cartulaire notre première paroisse et ses glorieux patrons, et d'abord, Sainte-Marie, Saint-Jean, Saint-Étienne-du-Couvent, Saint-Paul, jadis un de nos quartiers aux environs de Saint-Jean, Saint-André-de-Bagalance, où se trouve un ermitage qui porte encore ce nom ; Saint-Martin, près de Frigolet, et, enfin, Frigolet lui-même, dans les mots : *Fretta*, *Frettensi*, tous lieux au-delà de la Durance par rapport à Avignon, et près du chemin d'Arles.

Ce n'est pas tout ; on lit dans notre Statistique, à l'article Graveson, que son terroir fut cultivé et habité, du temps même des Romains ; qu'on découvrit, dans son église en construisant l'autel des Ames du Purgatoire, un autel votif en pierre froide qui, par sa forme, paraît dater du troisième siècle, et en 1793 un beau cippe en marbre, conservé de nos jours au musée d'Avignon ; nous y lisons, en outre, qu'on trouve fréquemment sur le penchant de ses collines ainsi que dans la plaine, des tombeaux, des ruines de bâtimens qui ont dû faire partie d'habitations romaines. En effet, plusieurs de nos compatriotes se souviennent fort bien qu'en creusant, aux environs de Cadillan, en 1824, pour la confection de la nouvelle route de Tarascon à Avignon, on trouva deux tombeaux en plomb d'inégale dimension, renfermant des ossemens ; cependant, Graveson ne paraissant pas remonter au-delà du dixième siècle, il a dû exister près de là une ville plus ancienne, la ville de Fretta.

Enfin, nous lisons dans notre Statistique, à l'article Rognonas, que son territoire était aussi en pleine culture du temps des Romains, qu'on a trouvé, près de son église et en divers endroits, des tombeaux de pierre et des débris de vieux bâtimens; et, ce que dans la présente histoire nous devons surtout remarquer, c'est qu'il y est dit que, lors de l'invasion des Goths, il se forma aux environs deux agglomérations, dont une dans la plaine au sud du village, connue plus tard sous le nom de vieille Ville, et l'autre à l'île Barban, où vinrent se retirer les habitans de Bellinto; cependant, ajoute la Statistique, la Durance occasionnant audit endroit de fréquentes inondations, la population de ces deux villages reflua sur Barbentane, et il ne resta auxdits lieux que quelques cultivateurs dépendant des deux fiefs de Rognonas et de l'île Barban.

Or, voici d'après tout cela, et d'après la position qu'on assigne sur la carte à la ville de Fretta, ce que nous en concluons : c'est que cette vieille ville, dont la Statistique parle à l'article Rognonas, qui, d'ailleurs, n'est pas très-ancien, nous paraît être *Fretta*; les habitans ayant fui après sa destruction, les uns dans notre patrie et les autres vers Glanum.

Une inscription du Mont-Majour d'Arles porte même que l'empereur ayant poursuivi les Sarrasins, les vainquit près de l'abbaye, et qu'en action de grâces il y bâtit une chapelle qu'on nomme Sainte-Croix, en l'année 807.

Revenant de nouveau, en l'année 850, le peuple sarrasin dévasta nos églises et massacra nos prêtres.

Huit ou neuf années après, les Normands tombèrent sur nous par le grand fleuve du Rhône, vinrent exciter partout des cris de désolation; il n'y eut pas de bourgs alors, d'église ou de monastère qui ne ressentît leur rage; heureusement que Charles-le-Chauve, sous la tutelle de qui nos ancêtres se rangèrent, dissipa les malfaiteurs. La Provence ayant donc passé de Louis-le-Débonnaire aux mains de Charles-le-Chauve et de celui-ci à Louis-le-Bègue, resta enfin à Bozon, qui fut proclamé roi d'Arles, en huit cent soixante et dix (870). A part le fléau singulier d'une nuée de sauterelles qui vint en 873 dévorer si fort nos blés, nos prairies et nos arbres, qu'on aurait presque affirmé que le feu y avait passé; à part, dis-je, ce fléau singulier, nos pères jouirent une trentaine d'années des douceurs de la paix; mais en 890 le Sarrasins revenant dans nos contrées y devinrent si puissans, que nos seigneurs de villages se virent comme forcés de transiger avec eux. Enfin, nous apprenons de l'Histoire de Provence qu'en 924 les Hongrois, hommes durs et très-forts à la flèche, vinrent sur les bords du Rhône exercer des cruautés.

C'est donc infailliblement aux diverses invasions de tant de peuples barbares que nous devons rapporter la ruine et la désertion d'un grand nombre de nos bourgs : d'Ernaginum, par exemple, de Fretta et de Bellinto; une raison bien plausible confirme notre assertion, c'est qu'il n'en est plus parlé passé le neuvième siècle. Hélas ! la dépopulation fut si grande en plusieurs points, qu'on ne pensa pas du tout à rétablir les villages ou les monumens détruits; et, certes, il était bien naturel que le souvenir de désastres si récents fît abandonner des lieux qui malheureusement venaient d'en être le théâtre. S'imaginant donc alors que les endroits élevés seraient pour e citoyen tout comme pour la famille une retraite assurée, on se hâta d'y bâtir, et ce motif puissant le devint encore plus durant les troubles de la province.

Aussi remarquons-nous qu'au temps dont nous parlons, de timides vassaux, conduits par la crainte comme par l'autorité, se rassemblaient sur les hauteurs autour des grands du pays, bravant du haut de leurs forteresses les lois, leurs rivaux et leurs rois, d'où l'origine des fiefs, des seigneurs et des châteaux.

Que dirons-nous maintenant aux personnes qui soutiennent que le peuple sarrasin démantela Barbentane et qu'ensuite Charles-Martel fortifia nos remparts ? Nous voudrions bien pouvoir féliciter nos aïeux de ce privilége insigne; mais si, comme nous le dit la Statistique, c'est seulement au règne de Boson, en 873, que nos vieux *Bellintos*, quittant l'île Barban où ils s'étaient retirés, vinrent sur nos hauteurs établir leurs demeures, c'est postérieurement au temps des Sarrasins et de Charles-Martel qu'il faut attribuer leur émigration, et par-là même, la destruction comme le rétablissement des remparts dont nous parlons; néanmoins, en admettant, comme quelques-uns ont fait, qu'en quittant *Bellinto* ou le quartier Saint-Jean, nos pères à l'instant fondèrent Barbentane, et en s'en tenant comme eux à l'étymologie de *Barbam teneo*, je te tiens la barbe, donnée à Barbentane, et tirée du combat d'un chef sarrasin vaincu par un des nôtres, la première opinion serait assez probable.

On sait et la tradition porte qu'à une distance d'environ huit cents mètres de la ville actuelle, et dans une petite plaine appelée l'Étang, il fut donné une bataille; le général qui commandait l'armée gauloise, d'autres disent le gouverneur de notre place forte, ayant pris par la barbe le général de l'armée sarrasine, lui dit : *Barbam teneo*, je te tiens la barbe, et l'armée des Sarrasins prit la fuite ; c'est, d'après la tradition, à cause de cette action héroïque, que cette commune prit le nom de Barbentane. Cependant, voici une autre étymologie qui nous paraît plus probable et à laquelle nous adhérons : lorsque la Provence fut envahie par les Goths, les Bourguignons, les Lombards et les autres peuples barbares, les habitans de Bellinto se réfugièrent sur une île de la Durance appelée île Barban, et dans les anciens titres *insula Barbentina*. Ces insulaires ayant abandonné cette île pour gagner les hauteurs, vers la fin du neuvième siècle, à l'époque d'une forte inondation, vinrent, pour la plupart, établir leurs demeures au penchant du côteau où ils sont aujourd'hui, gardant le nom de l'île qu'ils occupaient depuis plusieurs années : *Barban tenentes*, ce qui fit donner au pays et au peuple transfuge le nom de *Barbentane*.

A la vérité, un de nos compatriotes a cru devoir contredire ce fait, prétendant le contraire ; et voici comment il s'y prend : « Lorsque, dit-il, la Provence fut envahie » par les Goths, les Bourguignons, les Sarrasins, les Lom- » bards et autres peuples barbares, les habitans de Bellinto » ne se réfugièrent pas, comme nous le dit la Statistique, » sur l'île appelée *Barban*, attendu que cette île n'existait » pas encore ; car l'espace connu aujourd'hui sous le nom » d'île *Barban* était uni alors au terroir d'Avignon et fesait » partie de la paroisse de Saint-Agricol, ce qu'on peut » prouver 1° par la procédure du bornage des terroirs » d'Avignon et de Barbentane, d'une part, le podestat » et les syndics de la ville d'Avignon (1) ; 2° par un acte

(1) Voir l'acte de la division et des limites des terroirs d'Avignon et de Barbentane, consigné dans notre Histoire.

» passé le 19 du mois de juin 1348 , où la reine Jeanne ,
» comtesse de Provence , vendant au pape Clément VI
» la ville d'Avignon ainsi que son terroir et lui donnant
» pour confronts les terroirs de Barbentane et de Châ-
» teaurenard , ne fait aucune mention de l'île appelée
» Barban , vu qu'elle n'existait pas ; 3° parce que ce ne
» fut que par l'irruption de la Durance , arrivée en 1455 ,
» que la lisière de terre qu'on appelle île Barban , fut
» détachée du terroir d'Avignon et jetée , comme elle est ,
» du côté de la Provence , ce qui fut au moins 400 ans
» après que les Goths , les Lombards et autres peuples
» barbares eurent envahi la Provence. »

Les habitans de Barbentane ne se retirèrent donc pas ,
conclut notre compatriote , sur l'île en question , mais bien
sur la côte voisine où ils sont aujourd'hui. Malgré ces asser-
tions et la haute considération due à notre collègue , nous
croyons le contraire ; car , le cours de la Durance étant si
inconstant , telle île qui n'était pas en 1234 , pouvait bien
exister 400 ans auparavant ; nous ne pouvons donc nous rendre à de tels argumens. D'ailleurs , c'est un fait incontesta-
ble que vers la fin du dixième siècle le terroir de Bellinto
fut donné à Rostaing ; archevêque d'Arles , prince et primat
des Gaules , le même que le pape Jean VIII nomma son
vicaire en France , et c'est lui qui , le premier , fit bâtir
sur la colline un magnifique château , dont il ne nous reste
plus qu'une forte muraille.

Barbentane ainsi qu'Avignon fesait alors partie du
royaume d'Arles et de Bourgogne , fondé par Boson peu
d'années auparavant ; cependant , l'île Barban ayant été à
la même époque inondée par la Durance , lorsqu'elle forma
le canal des Lones , alors et seulement alors , d'après notre

Statistique, les habitans de l'île Barban ou de l'ancien Bellinto se retirèrent autour du château et y bâtirent un village qui prit le nom de *Villa Barbentana*. Telle est aussi
notre croyance. Quoi qu'il en soit, il conste qu'en 945,
la seigneurie ou claverie de Barbentane passa à Béranger II, comte de Provence, et, en 1059, à Bertrand de
Boulbon. Il est même évident, par l'inspection des lieux,
qu'un grand nombre de maisons de nos plus hauts quartiers remontent à ce temps, et que leurs emplacemens,
comme ceux des bas quartiers, furent d'abord exploités
pour des pierres de taille ou de construction. Effectivement, c'est l'usage qu'on en fit ; car, nous apprenons
de l'Histoire de Provence, que ce fut en 973 qu'on commença partout à rebâtir les villages ; à la vérité, la struc-
ture des maisons fut d'abord très-imparfaite ; il n'y avait
pas de cheminée dans les appartemens, on en fesait sortir
la fumée par une fenêtre ou par un trou pratiqué à la
muraille.

Les hommes et les femmes ne portaient, à cette époque, que des chemises de serge et des habits fort courts.
Les nobles revêtaient des pelisses et des habillemens variés de couleurs, usages qu'ils empruntèrent des peupla-
des du nord, tels que les Visigoths. Les femmes avaient
les cheveux flottans ou noués par derrière.

Les mœurs aussi, après ces temps de trouble et de
barbarie, étaient des plus grossières ; on ne se servait pour
l'éclairage que de bois résineux ; on ne connaissait pas
le linge de table, et le vin était si rare qu'on le vendait
comme cordial chez les apothicaires.

Plusieurs auteurs ayant soutenu que les armes de nos
premiers rois ont été de crapauds, et la tradition dans

notre pays portant que nos plus anciennes armoiries ont été des crapauds, nous pouvons en inférer que l'antique Bellinto fut un des premiers fiefs de Provence soumis au pouvoir des Francs.

Pour ce qui est de la religion, quoique plongés, comme tous les autres peuples, dans les ténèbres du paganisme avant la venue du rédempteur promis, nos pères durent jouir de certains priviléges, ne fut-ce que de celui de posséder des prêtres qu'on appelait *Druides*, et, dès l'institution du culte catholique, ils durent participer aux grâces abondantes répandues dans nos contrées. En effet, le culte druidique a tant de rapports avec le mot *Druentia*, qu'il est à présumer ou que ce culte a pris son nom de la rivière voisine, sur les bords de laquelle il fut d'abord pratiqué, ou que c'est lui qui a donné son nom à ladite rivière. Dans l'une comme dans l'autre hypothèse, tout nous porte à penser que nos ancêtres, situés près de son confluent, durent être compris parmi les plus zélés sectateurs du culte druidique ; mais à peine la lumière de l'Évangile commença-t-elle à briller sur la terre, que Sainte-Marthe, arrivant avec ses compagnes sur les côtes de la Provence, choisit pour le théâtre de ses prédications les villes d'Avignon et de Tarascon, où elle opéra quantité de prodiges, entr'autres, la résurrection d'un mort sur les bords même de la Durance, et cela devant une foule innombrable accourue pour l'entendre. Or, peut-on penser que des points intermédiaires, tels que Fretta et Bellinto, aient échappé aux ardeurs de son zèle apostolique ? non certainement. Et les hommes respectables qui donnent pour premier évêque d'Avignon le Ruf, dont il est parlé aux Actes des Apôtres, ne croyent-ils pas, comme nous, qu'Avignon et ses environs furent d'abord éclairés des lumières de la foi ? l'histoire même et la tradition portant que Saint-Trophime , disciple de Saint-Paul , et premier évêque d'Arles , a apporté dans cette ville la lumière du salut , ne nous confirment-elles pas dans la persuasion que ce fut dans les premiers temps que ce bienfait signalé arriva jusqu'à nous ? oui , et telle est notre conviction.

On ne parlait en Provence , les cinq ou six premiers siècles , qu'un latin à peu près correct ; mais l'invasion des Barbares corrompant bientôt les mœurs , vicia jusques aux termes et aux phrases du jargon : de là ce mélange de mots barbares , la difficulté d'écrire , l'ignorance enfin et la superstition. Voïci quel était en Provence le langage ordinaire au dixième et au onzième siècle ; on mélait alors , dans la conversation et dans les actes publics , le latin avec la langue vulgaire. Ainsi , pour dire : « je ferai » que tu ne perdes jamais ton château et les trésors qu'il » renferme , et si quelqu'un veut t'en exclure pour se l'approprier , ou autrement sans mon consentement et sans » loi, je jure de t'aider chaque fois qu'il le faudra » , on disait : *Faciam queu nun perdas ouncquot toun castel é los thesors queu li soun inclusos, é si ouncquos qualqueun voliot despedaçar toun castel, io jurer tibi et tuis aiudar tots et quantès.* Les sciences n'étaient plus cultivées que dans les monastères, et ce qui prouve fort que l'ignorance de nos pères remontait assez haut, c'est que sous Louis-le-Chauve, en 871 , où Boson était gouverneur de la Basse-Provence, les nobles eux-mêmes se faisaient un honneur de ne savoir signer ; ils formaient de leur main le signe de la croix, d'où notre mot français *signer*, quand il s'agit de souscrire son nom.

Quant à l'administration, des sénateurs ou patrices gouvernaient les grandes villes, des centeniers les villages ; puis vinrent les ducs, les marquis et les comtes, ayant chacun ses viguiers, d'où naquirent les vigueries, et c'est de celle de Tarascon que, comme nous savons tous, Barbentane dépendit (1). Les divisions antérieures se fesaient par districts.

On distinguait dans le peuple les nobles au premier rang ; les hommes libres, au second, et les serfs ou esclaves ensuite.

Pour être noble, sous les Francs, il fallait s'engager dans l'état militaire, et dans toutes les familles chaque membre répondait des fautes de tous les autres.

Mais citons d'autres faits.

Aux approches de l'an mille, nos pères entraînés par la superstition et craignant la fin du monde, ne pensaient qu'à la mort. C'est pourquoi nos seigneurs résolus, comme bien d'autres, de partir pour les Croisades, léguaient aux monastères les biens qu'ils possédaient ; mais bientôt le regret les porta à réclamer l'objet de leurs offrandes ; car, la crainte passée, ils visèrent tellement à les reprendre de force, que le pape Benoît défendit d'y retoucher sous les plus grièves peines.

On place à l'année 1030 la plus horrible famine qu'on ait jamais vue en France ; un dérangement inoui des saisons et des pluies presques continuelles empêchèrent, quelques années, les moissons et les fruits d'arriver à leur maturité,

____

(1) Le mot Viguerie vient du latin VICARIÆ, vicairies, parce que dans ces districts résidaient, aux premiers siècles, les vicaires des questeurs.

ce qui amena une telle disette, qu'après avoir consommé l'herbe des prairies, rongé le feuillage et l'écorce des arbres, on dévora les hommes morts et même les vivans; cependant, après trois ans d'une stérilité sans exemple, il survint une telle abondance, que la seule récolte de 1033 surpassa celle de trois années communes, ce qui fit un peu oublier tous les maux antérieurs.

Au lieu de compatir aux peines de ses frères, la féodalité n'en fut que plus hardie à les persécuter ; car, l'histoire nous dit qu'à cette même époque les nobles poursuivaient les pauvres laboureurs jusqu'au milieu des champs, les traitant en esclaves, les frappant ou exerçant sur eux les droits les plus onéreux.

En 1041, nos seigneurs du midi se fesant souvent justice les uns à l'égard des autres, des offenses essuyées, on publia en Provence la trêve du seigneur ou cessation d'hostilités certains jours de la semaine.

Nous apprenons aussi de la lecture d'un manuscrit trouvé dernièrement aux archives du château de M. de Puget, lequel commence en 1059, et contient la recette ainsi que les dépenses du clavaire de la cour commune des seigneurs de Barbentane, depuis cette époque jusqu'en 1400 ; nous apprenons, dis-je, qu'en 1059, sous le gouvernement de Bernard de Turre, *Baculi*, bayle ou intendant du Pape et de Bertrand Mayffrid ; *Baculi*, bayle ou intendant d'un de nos principaux seigneurs, noble Bertrand de Boulbon, le juge de notre cour Audibert d'Aramon, prononça, dans son parlement, *in suo parlamento*, plusieurs appellations, condamnations et compositions, ainsi qu'une foule d'absolutions sur divers particuliers qui soldèrent leurs taxes. Voici ce qu'on y trouve de plus intéressant : les sieurs Philippe Filioli, Pierre Margot et Joseph, fils de Guillaume, y sont relâchés tour-à-tour à deux ans d'extinction et condamnés à la flagellation jusqu'au sang, ou à payer la somme de dix livres. *Philippus Filioli relaxatus est ad duos annos extinctionis Barbentanæ;* (et pour le second), *à totâ jurisdictione Barbentanæ, et ad fustigationem usquè ad sanguinem, vel solvat decem libras coronatas. Petrus Margot relaxatus est,* etc., etc.

Cinq autres également relâchés pour deux ans de la jurisdiction du lieu de Barbentane et condamnés de même à la fustigation, sont de plus condamnés à passer deux jours au château une heure chaque jour, ou à payer dix livres couronnées : *et ad standum in castello per duos dies quolibet die pro unâ horâ, vel solvat quilibet libras coronatas.* Enfin, nous apprenons qu'une vingtaine d'autres, parmi lesquels trois femmes, relâchés pour un an, sont condamnés, d'ailleurs, au même châtiment. *Relaxati sunt ad unum annum,* nous dit l'original, *à totâ jurisdictione Barbentanæ et ad fustigationem et ad standum in castello per unam horam, vel solvat quilibet decem libras coronatas.*

Il paraît que ce genre de punitions se continua chez nous jusqu'au quinzième siècle ; car nous en trouvons des exemples aux onzième, douzième, treizième et même au quatorzième siècle.

Nous exposerons plus bas le modèle du fouet dont se servait le bourreau pour la fustigation.

Les monnaies usitées à Barbentane, en 1059, étaient, d'après ce manuscrit, le florin, le ducat, la livre, le marc, le sou, le denier et l'obole, et c'était l'usage alors de payer moitié à Pâques, moitié à la Toussaint.

En 1095 fut publiée, en Provence, la première Croisade ; Raymond de Saint-Gilles s'étant croisé le premier,
fut bientôt imité par nos principaux seigneurs ; les figures
de lances, de tours ou de châteaux donnèrent chez eux naissance aux diverses armoiries. En 1096, le pape Urbain,
revenant du Concile de Clermont, en Auvergne, où la
première Croisade venait d'être proclamée, vint à Avignon et d'Avignon à Arles, traversant notre territoire.

Dix ans après, Gérard Tum ou Tenques, des Martigues,
institua en Provence l'ordre à la fois religieux et militaire
des chevaliers de Saint-Jean. Connus d'abord sous le nom
d'hospitaliers de Saint-Jean, de chevaliers de Rhodes et
de chevaliers de Malte, ils avaient pour objet de secourir
les pauvres et de soigner les malades : jamais ordre ne
fut plus respectable, ni plus fécond en grands hommes.
A la vérité, ils n'eurent d'abord qu'un hospice pour le
soin des pélerins et une église en Languedoc, au vocable de Saint-Jean, dont la nôtre est la copie; mais ils
eurent bientôt quarante Commanderies, dont une à Barbentane, avec l'apanage de quatre mille livres, grâce,
comme nous le verrons, à un trait de clémence du vaillant de Robin, ou au dévouement d'un de nos chevaliers
dans le Bas-Languedoc.

CHAPITRE III.

À deux kilomètres environ nord-est de Barbentane, se trouve la Durance, *Druentia*, dérivant, selon quelques savans, des Druides, prêtres gaulois établis sur ses bords. Nous savons tous, par la triste expérience, combien cette rivière est rapide, vagabonde, quelquefois même farouche, comme dit Nostradamus.

Chantée souvent par les trouvères ou troubadours anciens, célébrée par quelques mauvais vers et illustrée enfin par de nombreux poètes, elle a acquis de la gloire en perdant de son étendue; en effet, les saignées nombreuses qu'elle a eu à subir, telles qu'un canal de communication pour le transport des marchandises, et quantité de canaux d'irrigation qui lui doivent tous leur prise, ne l'ont pas moins ennoblie.

Quoique la Durance ne soit pas navigable aujourd'hui, il est certain, par des chartes du onzième et du douzième siècle, qu'en 1093, les bateaux la remontaient jusqu'à certaine distance, payant à cet effet aux comtes de Provence d'assez fortes immunités, au sujet de quoi il est dit qu'Estiennette, mère de Bertrand, exempta les bateaux qui remontaient ou descendaient la Durance de tous les droits que les ducs et les comtes avaient coutume d'y lever ; mais, que dis-je ! n'avons-nous pas vu que du temps des Romains il existait à Cavaillon un corps de bateliers utriculaires, apportant de Marseille et d'Arles, par le Rhône et la Durance, des marchandises chez les Cavares, les Voconces et les Tricastins ? Il est vrai qu'à cette époque la rivière ne formait qu'un long et vaste courant assez resserré, ce qui facilitait la navigation. La main des hommes ou la violence des eaux en ayant ensuite détaché une branche en face de Cadenet, et s'étant formé plus tard les deux grandes dérivations d'Orgon et de Châteaurenard, la Durance, qui, d'ailleurs, n'a plus fait que varier, a cessé d'être navigable.

Il est pourtant vrai de dire que de nombreux radeaux la descendaient encore vers la fin du dernier siècle.

Quant au courant détaché en face de Cadenet, le savant père Papon soutient, dans son histoire générale de Provence, comme une opinion plausible, que le grand nombre de cailloux qu'on rencontre dans la *Crau* y a été apporté par une branche de la Durance, passant dans les premiers temps à travers la chaîne des montagnes qui la couvrent du côté du nord, et s'étendent dans la plaine par le territoire de La-manon, au même endroit, à peu près, où passe actuelle-ment le canal de Crapponne ; la preuve en est sensible, ajoute M. Papon ; car, dit-il, j'ai trouvé parmi les cailloux de la Crau les mêmes pierres ferrugineuses et cuivreuses, les mêmes variolites qu'on rencontre dans la Durance.

De plus, il conste qu'en 1167, Alphonse d'Arragon, à qui Béranger Raymond avait cédé ses droits jusqu'aux bords de la Durance, s'adressant à l'Église et à l'Évêque d'Arles, lui dit : *Perpetuò dono et concedo sine omni retentione Arelatensis ecclesiæ archiepiscopo aquæ ductum et aquam fluminis Druentiæ ad deducendum lectum ipsius à Druentiâ usquè ad Salonem et indè ad mare.* J'accorde à per-pétuité, et sans restriction aucune, à l'Église d'Arles et à vous, son révérendissime Évêque, un aqueduc et l'eau de la Durance, pour en mener le lit du point de la rivière à Salon et de Salon à la mer.

La branche de la Durance, passant par Châteaurenard, formait, d'après notre Statistique, une plage caillouteuse, coupée d'îles et de canaux qui changeaient fréquemment de formes ; se trouvant pourtant fermée vers la fin du on-zième siècle par les dépôts de ladite rivière, il n'y resta qu'un lit marécageux, qui, dans la suite, se couvrit de pâturages et fut désigné sous le nom de Lones.

On remarque encore aujourd'hui, à l'ouest de Château-renard, les traces de ses anciens bords et quantité de cail-loux sur la terre du mas de Saint-Rème, où les habitans prétendent qu'il y avait jadis un bac et que c'est à ce mas même que l'on attachait la traille ; à l'est du Mas-Neuf, des ci-devant Célestins ; au sud du mas de Villard et de La-fond ; à la Meuille et au Breuil, terroir de Graveson : on a même prétendu que cette branche y coulait encore au quatorzième siècle.

L'hiver fut si doux en 1172, qu'à la fin de janvier les arbres se couvrirent de verdure et tout fut en pleine végétation ; on vit même nicher les oiseaux vers la mi-février, et, chose bien rare, on leur trouva des petits vers la fin dudit mois.

L'Histoire de France fixant à l'année 1130 l'origine des communes, et, au rapport de tous nos historiens, de semblables institutions ayant lieu en Provence cinq ou six années après, nous pouvons classer, au milieu du douzième siècle, l'institution de la nôtre et son administration par des maires ou consuls.

Des règlemens de police furent bientôt tracés et publiés partout. Ce que la discipline offre de remarquable, c'est l'extrême sévérité dont on usa en 1183 contre les blasphémateurs : à Marseille on les mettait dans un panier et au moyen de poulies et de cordes, on les fesait plonger dans la mer autant de fois qu'ils avaient blasphémé, ce qu'on nommait : *accabussar*. A Arles, il en coûtait vingt sous pour chaque fois qu'on avait blasphémé ; à Avignon, vingt sous quand le blasphème regardait Dieu ou la Sainte-Vierge, et trois sous quand il regardait les Saints. Il conste des archives de l'évêque, qu'un pareil règlement fut publié à Barbentane vers la fin du quinzième siècle.

Voici maintenant comment nous déduisons que Barbentane et son terroir passèrent au pouvoir des archevêques d'Avignon.

Après les ravages des Barbares sous les Goths et les Mérovingiens, temps où l'on venait d'abattre les monumens romains, on pensa avec raison à bâtir sur leurs ruines des monumens chrétiens ; la foi se ranima, les évêques chari-

tables et désintéressés méritèrent la confiance des peuples
et des rois. Dès-lors , l'autorité même temporelle passa entre leurs mains ; c'est pourquoi nous voyons que sous le
règne de Boson et de ses successeurs , les archevêques eux-
mêmes s'étaient constitués les défenseurs du peuple , témoin
une assemblée tenue en 1190 pour arrêter les brigands.

Long-temps avant même , en 1131 , Arles s'étant constitué en république , sous la protection des empereurs d'Allemagne , reconnus pour suzerains de nos contrées du midi ,
les évêques furent nommés leurs procureurs-fondés ; et
comme le terroir d'Avignon s'étendait , d'après un acte que
nous produisons plus bas , jusqu'à notre ancien château ,
bâti sur nos hauteurs , l'évêque d'Arles céda à l'évêque d'A-
vignon les droits qu'il avait au château de Barbentane.
Nous apprenons , en outre , de la lecture d'un manuscrit ,
que le port de Durance , où les habitans de Barbentane ont
eu le droit de franchise jusqu'à l'époque de la révolution ,
fut cédé , en 1178 , par l'empereur Frédéric Ier., par lettres-
patentes , avec le sceau de cire , ce qu'on voit au tom. III
du grand cahier des archives de l'archevêché d'Avignon ,
folio 18 , ainsi que dans l'histoire de cette dernière ville ,
écrite en italien par le docte Fantoni.

*Prœtereà , ait Fredericus dei gratiâ Romanorum impe-
rator augustus , ex nostrâ dignitatis munificentiâ concedi-
mus eidem Pontio episcopo, et per eum, suis in posterum
successoribus, portum et plena jura portûs in fluvio Druentiœ à loco quod vocatur Rometa usquè ad Rhodanum et hoc
ex parte illius castri quod vocatur Barbentana et ex parte
Avenionense usquè ad Sorgentilium , ità quòd infrà hos terminos quòcumque prœdictum flumen bracchia sua exten-
derit, liceat episcopo portum facere ubicumque voluerit, eâ*

tamen conditione quòd commeantes illic in transitu non graventur, sed conveniens passagium sive naulum et tole-rabile à transeuntibus accipiatur ;... quòd si quis in hoc molestiam aut violentiam intulerit, graviter indignatio-nem nostram incurrisse. Datum apud castrum montilium Ademari anno incarnationis die vigesimâ augusti 1178.

En voici la traduction.

De plus, dit Frédéric, par la grâce de Dieu empereur des Romains, nous accordons, comme un effet de notre muni-ficence, à l'évêque Ponce, et par lui, à tous ses succes-seurs, le port et plein droit au port sur la rivière de Du-rance, depuis l'endroit appelé *Romète* jusqu'au Rhône, et cela du côté du bourg ou château qu'on nomme Barbentane, et du côté d'Avignon, jusqu'à la petite Sorgue ; de sorte que dans ces délimitations il soit permis à l'évêque Ponce d'établir un port où il voudra, en quelque endroit que la rivière s'étende, à la condition, pourtant, que les voya-geurs ne seront pas chargés d'impôts ; mais qu'on recevra des passagers un tribut raisonnable et facile à porter ; si quelqu'un met à cet arrêt violence ou opposition, il en-courra notre indignation, *etc.*, *etc.*, 20 août 1178.

Ladite donation fut encore confirmée par sentence arbi-trale de l'an 1498, et elle l'a été successivement par les empereurs et les rois de France, entr'autres, en 1364, par Charles IV, en faveur d'Anglic Grimoard, frère du pape Urbain V, avec le pouvoir d'y tenir un bac et d'exiger des passagers un droit raisonnable.

On voit donc, par les citations faites ci-dessus, que les empereurs d'Allemagne avaient des droits sur Barbentane et des rapports intimes avec les évêques d'Arles et d'Avi-gnon, auxquels ils accordaient différens priviléges. Cependant, Arles s'étant créé des gouverneurs vers la fin du douzième siècle, et, en 1220, s'étant rapproché de la république d'Italie par la création de podestats et même de consuls, Barbentane dut bientôt se nommer les siens ; de là et de l'augmentation des biens de la fortune, chez quelques particuliers, la naissance des co-seigneurs subordonnés toujours aux seigneurs archevêques.

En effet, il conste qu'il y avait déjà des co-seigneurs à Barbentane, en 1253. D'un autre côté, le roi, qui avait encore des droits sur notre pays, en 1234, par suite du partage des premiers souverains, s'en étant dessaisi en faveur de l'archevêque d'Avignon, celui-ci devint alors vrai seigneur de Barbentane ; l'acte de cette rémission est aux archives de l'archevêché d'Avignon, au livre intitulé : *Diversorum Barbentanœ*, 1238, folio 12. Il paraît qu'antérieurement même, l'archevêque d'Avignon avait des droits sur Barbentane ; car, outre les droits du bac reçus de l'empereur Frédéric Ier, il conste, d'autre part, que la dame Douce Artaud, fille de Guillaume Artaud, du lieu de Barbentane, céda, en 1235, à l'évêque d'Avignon, les droits qu'elle avait au château de Barbentane ainsi que sur son terroir : *Jura quœ habebat in castro Barbentanœ sive territorio.* On peut encore s'assurer des pouvoirs de l'archevêque par la lecture d'une sentence arbitrale, du 25 avril 1274, établissant les droits de l'évêque d'Avignon sur le bourg de Barbentane et divers autres priviléges, moyennant l'hommage à prêter aux comtes de Provence, ainsi que nous l'indique encore l'acte de cette rémission au livre intitulé : *De Verqueris*, folio 4. Enfin, on en trouve des preuves convaincantes dans les lettres-patentes émanées du roi Réné, à la date de l'an 1442, confirmant ces priviléges.

Quant aux co-seigneurs, nous pouvons très-bien prouver
qu'il en existait dans notre ville vers le milieu du douzième siècle, par la sentence du juge de notre cour commune, portée, comme nous avons vu, en 1059, contre divers particuliers, au nom de l'intendant d'un de nos co-seigneurs ; en 1255, par l'acte de vente de la co-seigneu-
rie, passant des héritiers de Raymond-le-Bossu, ou de
Guillaume Raymond à Béranger Raymond, et de ce dernier
à Guillaume du Réal, auquel succéda, en 1240, la maison
de Cabassolle, conservant, sans doute, le prénom de Réal,
de ses ancêtres Rostaing, Bertrand et Guillaume du Réal,
et même, selon de plus vieux manuscrits trouvés aux archives du château de M. de Puget, de Raymond du Réal,
podestat de la république d'Avignon, en l'année 1245.

Quoi qu'il en soit, la famille Cabassolle, celle de Mathéron, de Mistral et de Mondragon, ayant fondu par alliance
ou par héritage dans celle des Puget, et, d'autre part, le
sire de Robin, seigneur de Graveson, s'étant allié avec les
Puget, et ayant reçu du roi Réné investiture de la terre et
seigneurie du lieu de Barbentane, le pays, dès-lors, les
reconnut tous deux pour ses seuls co-seigneurs, subordonnés pourtant à l'évêque d'Avignon. A la vérité, ils eurent avec ce dernier les plus grands démêlés sur leurs
droits respectifs, lesquels, comme nous dirons, furent terminés ensuite par deux arrêts du grand conseil, du 20
janvier et du 6 avril 1556.

Des notes explicatives, sur chacune des deux maisons,
feront connaître au lecteur l'origine de leurs titres et leurs
droits primordiaux.

Quant à celle des Puget, nous apprenons d'un écrit des
archives du château, que sa première souche avait son do-

Fig. N° 4

micile au pays du roi d'Espagne, d'où elle passa au pays de Provence, habitant la ville d'Aix et les pays d'alentour; elle se nommait anciennement *Pugas*, portant dans ses armoiries la vache avec le veau, ce que l'on voit encore en la grande église de Saint-Maximin, près d'Aix, à la chapelle des Puget.

Nous trouvons encore d'autres manuscrits attestant qu'elle avait pour armes : d'argent à une vache passant de gueules, surmontée d'un étoile d'or appuyée sur les deux cornes, pour cimier la tête d'une vache, et pour supports deux levriers d'or accolés de gueules, cloués et bouclés d'argent, et pour devise : *Sidere Robur, nullo succumbo labori; ma force est dans l'étoile, je ne succombe à aucun travail.*

Notez qu'un des Puget se fàcha tellement de porter la vache et le veau desdites armoiries, qu'avant d'entrer en la religion de Saint-Jean-de-Jérusalem, il se détermina à les faire changer, et il supplia sa majesté le roi Réné de vouloir bien lui octroyer un bœuf rouge sur un champ d'argent, surmonté d'une étoile d'or, placée entre les deux cornes ; ce que sa majesté lui accorda volontiers par lettres-patentes, conservées aujourd'hui en la maison de Brignolles.

Voici donc une copie des armes des Puget aux seizième et dix-septième siècles. (Ci-contre la figure).

Pour revenir :

L'aîné de tous les Puget ayant blessé l'avocat du roi Réné, quitta Aix en 1486 et se retira à Avignon; il était né à Aix et baptisé en la grande église de Saint-Sauveur : son père se nommait Hugon Puget, seigneur des deux places nobles de Provence, de Torton et de Chastuel, dont il donna la première à son fils aîné, et Chastuel à partager entre ses quatre autres. Notez que la place et seigneurie de Chastuel ne coûta audit Hugon Puget que dix-huit vaches qu'il donna au vendeur , ne recevant pour titre de ladite acquisition qu'une simple lettre écrite de la main du vendeur , laquelle est entre les mains de MM. de Tressémanes de Brignolles , en vertu d'une Pugette qui entra dans leur maison. Il est même prescrit que les fermiers de Chastuel rendront audit Hugon Puget les rentes et revenus de ladite seigueurie ; il conste , cependant , que ledit Hugon Puget ne tarda pas d'en prendre investiture par lettres-patentes accordées par le roi.

Pour reprendre de plus haut ce que nous avons à dire de la famille de Puget , et donner au lecteur d'assez amples connaissances , nous devons lui annoncer qu'elle descend d'une branche de l'illustre et ancienne maison des seigneurs de Saint-Alban , alliée , dans son principe , avec celle de Lothaire , à savoir : de Guillaume et de Pierre d'Albanais Adalgaro , lesquels vivaient en 1194. Ils eurent pour successeurs Bertrand , Guillaume et Fraudine de Puget , lesquels jouirent conjointement des terres du Puget , du Luc , de Collobrières , de Laversnes et d'autres seigneuries dérivant de leur père , vraisemblablement mort sans avoir fait de testament ; nous apprenons , en outre , d'un document authentique , qu'ils firent plusieurs dons et des ventes considérables à la Chartreuse de Laversnes , calendes de février de l'an 1208 ; ils eurent pour héritiers Bertrand de Puget , deuxième du nom , et Guillaume de Puget, lesquels , aux calendes de novembre 1244 , ratifièrent , en faveur des chartreux de Laversnes , les concessions qui leur avaient été faites , ce qui prouve la richesse et la piété remarquables des anciens de Puget. Notez que ce Bertrand de Puget fut un des principaux barons qui, en 1235, transigèrent avec les comtes de Provence. Comme c'est de lui que naissent les diverses branches que cette maison a produites, c'est aussi par lui que nous pourrions commencer ici leur table généalogique, la fesant suivre d'un inventaire des titres authentiques qui viendraient à l'appui de la vérité de nos mémoires ; mais, pour éviter des longueurs et des listes insipides, nous dirons seulement qu'un second Bertrand de Puget, seigneur de Puget, de Roquebrune de Villemus, commença une nouvelle branche dite de Roquebrune, de laquelle naquirent de nombreux rejetons ; elle avait pour armoiries de l'or à une montagne de sable, surmontée d'une étoile. De cette branche naquit un nouveau Bertrand de Puget, seigneur du Luc et de Turris, qui commença une troisième branche, de laquelle sortit le sieur Jean de Puget, seigneur de Chastuel, lequel s'établit à Avignon, et c'est d'un de ses fils, nommé Néri de Puget, que descendent les Puget établis à Barbentane. En effet, nous extrayons de la table généalogique de la maison des Puget, laquelle remplirait un volume si nous la donnions dans toute son étendue ; nous extrayons, dis-je, d'une part, qu'un certain Gaspard de Puget, fils de Néri, se maria avec demoiselle Madelaine de Cabassolle, duquel mariage naquit une fille nommée Anne de Puget, mariée à Raymond de Puget, auquel elle apporta la terre de Barbentane, dont la branche avait hérité de la maison des Cabassolle ; et, d'autre part, qu'un nommé Marc-Antoine de Puget, s'alliant, en 1600 et tant, avec demoiselle Charlotte de Mistral de Mondragon, en eut deux fils, Paul-François et Marc-Antoine de Puget, chevaliers de Malte.

Pour donner suite à cette généalogie et résumer le tout , voici ce que noūs lisons , sur la famille de Puget , dans le grand Dictionnaire du savant Expilly :

« La terre et sëigneurie du lieu de Barbentane était » possédée , en 1762 , par Paul-François Puget de Ca- » bassolle du Réal , issu , au sixième degré, de Jean Pu- » get , originaire de la ville de Brignolles , en Provence , » le même que le roi Réné anoblit par lettres-patèntes » du mois de mars 1443 , enregistrées aux archives de sa » majesté , à Aix , registre Trioletty , folio 126. Cè Paul- » François était fils de Pierre de Puget , qui avait épousé » sa cousine Charlotte de Puget de Cabassolle du Réal , » fille unique et héritière de Paul-François, seigneur de » Barbentane ; il épousa lui-même , à Avignon , sa cousine » Jeanne-Gabrielle de Chastuel , de laquelle naquirent : » 1° Josèphe-Pierre-Balthasar-Hilaire de Puget , dit le » marquis de Barbentane , capitaine de cavalerie au régi- » ment de Schomberg , avec brevet de mestre de camp , » marié , le 19 mai , à Élizabeth-Charlotte de Ménildot » Vierville ; 2° ***** de Puget, dit chevalier de Bar- » bentane.

» Le titre de Ramatuelle, que se donne encore la maison » de Puget , lui vient évidemment d'une ancienne maison » située près du Rhône. »

Pour que notre aimé lecteur juge avec plus d'équité de l'ancienneté et de la valeur des titres dont nos co-seigneurs s'honorent , nous allons donner ici une note explicative de la maison des Robin Barbentane.

Robini , Robin , Canolle , seigneur de la Thibaudière , de Venelles , de Collonges , de Vauvenargues , de Graveson , de Barbentane et de Beauregard.

Originaire d'Écosse et, selon d'autres, d'Angers, la famille de Robin fut retenue en France au retour des Croisades, en 1250, et porta les armes pour le service de Saint-Louis et de Philippe-le-Hardi, en 1289; sa famille et ses enfans s'étant ensuite établis sur les états du duc d'Anjou, ce dernier daigna se l'attacher par l'investiture de la terre et seigneurie du lieu de la Thibaudière, en Bas-Poitou, avec l'écusson de gueules à deux clés d'argent en sautoir, surmontées de la coquille de Saint-Jacques et accompagnées de trois triolets d'or.

Les Robin de la Tremblais, issus de cette souche, ont leurs preuves au cabinet du roi, où ils ont produit des lettres originales du maréchal de Clisson, en date de 1360, qui prouvent qu'ils étaient cousins.

Il est pourtant vrai de dire que le premier de cette noble race, qui planta piquet en Provence, fut noble Pierre de Robin, premier médecin de Réné d'Anjou, roi de Naples et de Sicile, comte de Provence, lequel Robin épousa, en 1474, Marie d'Abisse; c'est pourquoi nous lisons qu'en 1458 et 1463, ce même Réné, duc d'Anjou, fut suivi dans ses campagnes d'Italie par son conseiller Pierre de Robin, seigneur de la Thibaudière, auquel, en retour de ses services, il fit don des seigneuries de Venelles, de Collonges, de Vauvenargues et de Graveson, avec écusson nouveau, peint de sa royale main, d'or et de gueules, et chargé de trois merlettes, dont deux en chef et l'autre en pointe, et pour cimier, la tête d'un maure entre deux bannières aux mêmes armes et le bourrelet sur le casque.

Toutefois, Nostradamus soutient dans son histoire de Provence que les armes des Robin consistaient seulement en trois pigeons d'argent en champ d'azur, disposés de la manière ci-contre N° 1. Elles sont aujourd'hui surmontées d'une couronne soutenue par deux maures, et entourées d'une chaîne à gros grains, d'où pend la croix de Malte, figure N°. 2.

La bande supérieure qui recouvre le tout porte cette inscription italienne.

PIU FORTE NEL' AVVERSITÀ.

Nous lisons, en outre, dans l'histoire de la noblesse du Comtat Vénaissin, à l'article Robin, que le roi Charles d'Anjou honora le sire de Robin, son premier médecin, de son estime, le choisissant, le 10 décembre 1481, pour témoin de son testament, l'honorant du titre de *noble et égrège personne*, lui léguant en récompense de ses services deux mille écus d'or : *Egregio et nobili viro Petro Robini de Gravesione domino artium et medicinæ magistro ac physico, pro quàm pluribus gratis et acceptis sensitiis per ipsum dominum de Gravesione sibi hactenùs diligenter et laudabiliter præstitis et pro aliquâ satisfactione eorumdem, summam scilicet, etc., etc.*

Enfin, en 1482, Charles du Maine, héritier et successeur du roi Réné, investit Pierre de Robin de la terre et seigneurie du lieu de Barbentane et le nomma de ce nom dans son testament du 10 décembre 1483.

Nous apprenons, en outre, que ledit Pierre de Robin, premier du nom, ayant acquis une portion des terres de Collongues, de Venelles, de Saint-Marc et de Vauvenargues, en Provence, les échangea pour la seigneurie de Graveson au diocèse d'Avignon, avec Pierre de Cabanes, seigneur de Collonges, par acte passé devant Bertrand Bouilly;

Fig. N° 1.

Fig. N° 2

notaire à Aix, le 3 mai 1477. Connus depuis sous les noms de Graveson, de Barbentane et de Beauregard, les héritiers de Robin acquirent par leur élévation à des postes éminens ou par leurs alliances avec les Porcelets, les Peruzzi, les Crillon, les de Fortia, de Puget, de Clément, de Bouchet du Faucon, les Dubosc, les Giraud, et enfin avec les familles de Gallifet et de Bongard, la plus grande illustration à Aix, à Avignon, à Arles, à Tarascon et même dans le nord, par l'élection que vient de faire, en 1852, d'un membre au Corps-Législatif, la population de Saône-et-Loire, en la personne de Louis de Robin, comte de Barbentane.

Les Robin firent jadis partie du grand ordre de Malte, où ils se distinguèrent tellement qu'ils obtinrent à leur pays une commanderie héréditaire avec un apanage de quatre mille livres et un hôtel à Malte, rue *San Jacopo.*

Nous croyons ici à-propos de prévenir le lecteur qu'en 1660 Paul-Antoine de Robin, co-seigneur de Barbentane, se maria avec Marie Puget de Cabassolle, fille de Marc-Antoine Puget, seigneur de Chastueil, et de Charlotte Mistral de Mondragon, ce qui dut lui valoir de nouveaux avantages. Cependant, le sire de Robin s'étant, en 1676, entièrement voué à la querelle du prince de Condé, vendit pour sa cause la seigneurie de Graveson dont il lui apporta le prix ; depuis lors les noms de Barbentane et de Beauregard sont restés aux Robin.

La révolution de 89 en ayant surpris deux uniques descendans, l'un marquis de Barbentane, dans le régiment de Custine, au grade de capitaine ; l'autre, chevalier de Beauregard, dans la marine, au grade de capitaine de vaisseau, tous les deux émigrèrent et portèrent leurs armes dans l'armée de Condé, où ils servirent dans l'avant-garde jusqu'au licenciement. Rentrés en France en 1800, ils épousèrent, l'un, mademoiselle Delglat de la Tour du Bosc, de laquelle il n'eut point d'enfant, et l'autre, la fille unique du marquis de Giraud, de laquelle il eut trois enfans vivans aujourd'hui, savoir : en 1808, la marquise des Isnards, née de Barbentane; en 1810, le marquis actuel, Léon de Robin-Barbentane, marié à mademoiselle Valentine de Gallifet, et décoré en 1852 de la croix de la Légion-d'Honneur de la main même de son A. I. le Prince-Président, Louis Napoléon, aujourd'hui empereur; en 1812, le comte Louis de Robin - Barbentane, élu, comme nous venons de le dire, en 1852, membre du Corps-Législatif par la population de Saône-et-Loire : de ces mariages sont nés plusieurs enfans.

Après ce double exposé, le lecteur instruit d'ailleurs de l'identité du titre de marquis de Barbentane dont s'honorent à-la-fois les Robin et les Puget, nous demandera, sans doute, auquel des deux il revient le plus légitimement.

Disons d'abord que chacune des deux maisons possédant depuis des siècles sa portion respective de ladite seigneurie, l'une, par succession et par alliance avec nos premiers seigneurs les illustres Cabassolle ainsi que les Mondragon; l'autre, par l'investiture dont la dota le roi Réné, peut sans inconvénient s'en référer la gloire et se qualifier du nom de Barbentane. Nous croyons toutefois utile et nécessaire de faire observer que ce n'est nullement sur les vicissitudes de siècles et d'années plus ou moins favorables qu'on doit fonder les droits de nos deux co-seigneurs; car, s'il est vrai de dire que d'honorables charges rehaussent en ce siècle la maison des Robin, il l'est aussi d'avancer que dans le dernier siècle l'élévation des Puget aux grades éminens de général, de maréchal-de-camp et de ministre plénipotentiaire près le grand duc de Toscane, ont fait sonner au loin le nom de Barbentane. D'ailleurs, ces deux familles s'étant toujours montrées utiles au pays, ont également droit à notre sympathie.

Ce serait donc de notre part téméraire et même injuste de donner exclusivement à l'un de nos seigneurs ce que pour mille motifs, tous basés sur l'équité, l'autre nous réclamerait. Mais non, point de prédilection. Les Puget nous sont chers tout comme les Robin, et nous formons des vœux pour leur prospérité.

Connue à Barbentane depuis plus de trois cents ans, la famille de Chabert est, après les maisons des Puget et des Robin, la plus riche et la plus digne de gloire.

L'antique prieuré de Sainte-Catherine fut presque toujours administré par un de ses membres.

Le 10 mars 1660, le roi de France, Louis XIV, s'arrêtant à Barbentane, dîna et logea dans la maison du sieur Jean de Chabert, qui eut l'honneur d'être député par sa commune pour aller le complimenter à Arles et lui servir de guide jusqu'au pont de la Durance.

Par lettres-patentes du roi, enregistrées dans nos archives le 28 août 1693, le sieur Jean de Chabert fut nommé maire perpétuel et héréditaire de la ville de Barbentane.

L'aîné de ses trois petits-fils, Dumorel de Chabert, commandant en second au régiment de Noailles, chevalier de Saint-Louis, mourut à la suite des blessures qu'il reçut à la bataille de *Dettingen*, en 1743, pendant la guerre de sept ans.

Le second, Louis de Chabert, capitaine au régiment de Dauphiné, désigné pour faire l'arrière-garde avec sa compagnie de grenadiers, se distingua en défendant le pont de Jeissenfeld qu'il incendia pour couvrir la retraite de l'armée française. Cette belle conduite lui valut la croix de Saint-Louis et une pension de 200 livres. Peu de temps après il fut tué à la bataille de Rosbach, en 1757, étant officier supérieur du régiment de Saint-Chamont.

Le troisième, le chevalier de Chabert, également capitaine au régiment de Dauphiné, eut le bras droit emporté à la prise du château d'Aw, en Westphalie, en 1742. En récompense de ses services militaires et de ceux de sa famille, il fut fait chevalier de Saint-Louis et créé baron en 1748. Rentré dans ses foyers, à Tarascon, il y épousa mademoiselle de Gras de Preigne, fille du marquis de Gras de Preigne. Son fils, Jean-Antoine, baron de Chabert, capitaine au régiment de Barrois, chevalier de Saint-Louis et lieutenant des maréchaux de France pour la sénéchaussée d'Arles, fut maire de Barbentane depuis 1816 jusqu'en 1830.

Cette noble famille est aujourd'hui représentée par M. le baron Édouard de Chabert, ancien garde-du-corps, capitaine de cavalerie et chevalier de l'ordre de Saint-Grégoire-le-Grand.

A ces notes explicatives sur la généalogie de nos seigneurs actuels, nous ajouterons ici le tableau biographique des personnages illustres que notre petite ville a vu sortir de son sein avant le quinzième siècle. Et d'abord, nous citerons un Bertrand de Barbentane, florissant sous Béranger XI en 945, dont les filles avaient le droit d'accompagner la princesse des Baux et d'assiter aux cours d'amour ; un

Riccard, bon troubadour, né de parens distingués, à Barbentane, selon quelques-uns, et à Noves, selon d'autres. En effet, nous lisons dans la vie des plus célèbres poètes, ouvrage écrit par Nostradamus et imprimé en 1575, chapitre XXXVII, des détails fort intéressans sur un troubadour barbentanais, attaché à la maison des Baux. Riccard, nous dit Nostradamus, fut extrait de nobles et insignes parens du lieu de Barbentane en Provence. Il était vaillant aux armes ; son père avait tenu le parti de Sthéphanette et de ses enfans, prince des Baux, contre Bérenguier, comte de Provence, et même de Raymond Bérenguier, à la louauge desquels il fit maintes bonnes chansons, et plusieurs bons vers, bon sens.

Hugues de Saint-Césaire d'Arles, et les Monges des Iles de Trouvères, qui ont écrit la vie des poètes provençaux, disent qu'il trépassa l'an 1275 ; que le comte de Provence l'avait constitué clavaire de son château de Barbentane, ayant la garde des clés de la ville, auquel les consuls étaient tenus tous les soirs de les porter, ce qui était alors une charge honorable ; aussi, le nommait-on le clavaire *dé moussu lou Comte*.

Un autre a écrit que les officiers du Pape avaient entrepris de le jeter tout vif dans le fond du puits du château de Barbentane, où l'on avait accoutumé de jeter les chevaliers paillards et felons.

Notez à ce sujet qu'en 1179 les premières places que les jeunes gens sortis de l'enfance devaient occuper avant d'être chevaliers, étaient celles de varlets, de damoiseaux ou d'écuyers.

Enfin, nous lisons dans l'histoire de Provence du savant père Papon, qu'au mois de mai de l'an 1208, les villes d'Avignon et de Saint-Gilles ayant fait alliance, pour le soutien de leur république, un nommé Pierre Hugon de Barbentane : *Petrus Hugo de Barbentanâ*, associé aux consuls d'Avignon, fut le premier qui signa ce traité que nous trouvons tout écrit en latin. On s'y jurait mutuellement amour et fidélité, et on y promettait solennellement de les faire observer à MM. les Consuls qui leur succèderaient. Marseille et Nice étaient alliées de Gênes ; Arles, de Pise et de Nîmes, *etc.*

Aussi apprenons-nous que Raymond Béranger revenant dans ses états en 1217, fut bien surpris d'y voir l'indépendance.

On voit encore le nom de ce fameux Pierre Hugon à la tête d'une centaine d'autres, dans un nouveau traité passé le 11 octobre de l'an 1220, entre le comte Raymond Béranger et la ville d'Arles, contre celle de Marseille au sujet de la jurisdiction.

D'après un ancien titre, il se fit, en février de l'année 1200, un accord solennel entre l'archevêque d'Avignon et Rostaing ou Raymond Riali, seigneur de Barbentane, au sujet de la possession dudit lieu et de l'hommage dû par R..... audit archevêque.

Il est fait mention dans un acte sur parchemin, trouvé aux archives du château de M. de Puget, qu'en l'année 1213 il fut fait une enquête et une déposition de témoins pour la preuve de la jurisdiction de la cour commune du lieu de Barbentane, tant dans les chemins publics qu'à tous autres endroits, dans le district du territoire, contre ceux d'Avignon qui prétendaient s'exempter de la jurisdiction.

La ville d'Avignon ayant embrassé, à l'exemple du comte de Toulouse, la cause des Albigeois, Louis VIII la prit en

1226 , après un siége de trois mois , dans lequel périrent plus de vingt-deux mille hommes de son armée ; aussi en obligea-t-il les citoyens rebelles à détruire les remparts de la cité , et il les frappa d'un impôt excessif. Nous ne devons pas oublier de dire que les deux podestats Guillaume Raymond et Raymond de Riali , proche parent de nos Cabassolle , conjointement avec les Avignonais , déployèrent dans ce siége la plus grande intrépidité.

Le 17 septembre de la susdite année 1226 le Rhône débordant envahit nos campagnes , dépendantes alors de la ville d'Avignon (1). Peu de temps après un traité fut conclu à Paris entre Saint-Louis et Raymond VII , par lequel le comte cédait , au légat acceptant au nom de l'Église , les domaines qu'il possédait sur la rive gauche du Rhône.

L'acte suivant, que nous allons produire textuellement afin de n'en point altérer le sens , nous prouve qu'en 1234 , et même avant , le territoire d'Avignon s'étendait à plus de trois mille pas au-delà du Rhône et de la Durance , du côté de Barbentane.

Notum sit omnibus quòd anno domini millesimo ducentesimo trigesimo quarto , scilicet , secundo nonas junii... asserentibus domino Henrico de Spinguo in civitate Avinionis podestate et domino Bernardo dei gratiâ Avinionis episcopo , nomine suo et nomine dominorum de Barbentanâ quod territorium sive tenementum Avinionis durabat et protendebatur à Rhodano , scilicet , à quâdam rupe quœ est ibi juxtà Rhodanum usquè ad domum in-

---

(1) Craignant d'ennuyer nos lecteurs par les citations fréquentes des diverses inondations qui affligèrent nos pères, nous les classerons plus loin sur un tableau particulier par ordre et rang de date.

firmorum et indè usquè ad fontem Barbentanæ et ab ipso fonte usquè ad rupem de Cavismontibus, sicut vadit quædam via sub rupe de Barbentanâ et ab ipsâ rupe de Cavismontibus usquè ad Balmas pertusadas, sicut vadit quoddam violum sub rupe Pendils quod violum est magis propè dictam rupem et quo violo itur à rupe de Cavismontibus usquè ad Balmas pertusadas et à Balmis pertusadis sicut vadit violum Trachor usquè ad caminum Arelatense versùs Circium usquè ad perronium qui est in camino Arelatensi et ab ipso perrono usquè ad Druentiam, etc.

Asserebant etiam publicam famam esse in Barbentanâ et in locis vicinis quòd castrum de Barbentanâ fuerat constructum in summitate tenementi seu territorii dominorum de Barbentanâ à parte septentrionali quasi versùs orientem, etc.

Item asserebant quòd territorium sive tenementum castri de Barbentanâ ex parte plani extenditur et protrahitur usquè ad violum de Rometâ, et à Rometâ usquè ad perronum de Vullan, et ab ipso perrono usquè ad Guiscardum, et à Guiscardo usqué ad perronum camini Arelatensis, et ab indè usquè ad violum Trachor, et ab ipso violo usquè ad Balmas Bassas, et omnia quæ continentur infrà prædictos terminos dicebant esse de tenemento castri de Barbentanâ et ad ipsum pertinere, sicut oculatâ fide curiæ ostenderunt, etc.

Item asserebant quòd domini de Barbentanâ fecerunt banneiari et custodiri et ipsi cum hominibus de Barbentanâ tenent et possident et possiderunt à longissimo tempore, et de hoc consentiens est publica fama, etc.

Item asserebant quòd domini de Barbentanâ et milites

et homines ejusdem castri habent et habuerunt retrò à lon-gissimo tempore terras et vineas , pascua, patua et alias possessiones et aquas et decursus aquarum infrà prædic-tos terminos, liberas et immunes ab omni præstatione et ab omni jurisdictione et ab omni exactione communis Avi-nionis vel syndicorum, et de hoc consentiens est publica fama, etc.

Item asserebant quòd in pascuis quæ sunt infrà præ-dictos terminos pascebant et paverant à longissimo tem-pore sine contradictione oves et jumenta et alia animalia sua, etc.

Suivent près de trente signatures à la tête desquelles sont celles de Henri de Spinguo et de Raymond Riali.

Il conste donc de la lecture de cet acte qu'en 1234 le territoire d'Avignon s'étendait du Rhône ou d'un rocher situé près du Rhône jusques à la maison des infirmes, laquelle nous croyons être le Mas-Liven ; de là à la fon-taine de Barbentane, et de la fontaine au rocher de Ca-vismont, comme va le chemin qu'il y a sous Barbentane ; du rocher de Cavismont, lequel était sans doute le rocher même où Barbentane est bâti , jusques aux Baumes per-cées ; comme va le chemin de Trachor jusqu'au chemin d'Arles, et comme va le chemin d'Arles du côté de Geor-get, jusqu'au perron ou à la chaussée qu'il y a au che-min d'Arles, et de ce perron jusqu'à la Durance , *etc.*

On y disait encore que c'était public à Barbentane et dans les pays voisins, que le château de Barbentane avait été construit au sommet du territoire des seigneurs dudit lieu, du côté du nord, s'étendant vers l'orient.

On y affirmait aussi que le territoire de Barbentane , du côté de la plaine, s'étendait jusqu'au chemin de Romète, de Romète au perron ou à la digue de Vullan, de ce perron à Guiscard, de Guiscard au perron du chemin d'Arles, de ce perron au chemin de Trachor, et de ce chemin à Baumes-Basses, assurant que tout ce qui était renfermé dans lesdits termes était de Barbentane même ; que les seigneurs, les chevaliers et autres habitans du lieu qui le possédaient depuis fort long-temps l'affermaient, le fesaient garder et y avaient depuis fort long-temps des terres, des eaux et des cours d'eau, des vignes, des pâtis et autres possessions où, sans opposition et sans exaction de la part des syndics d'Avignon, ils pouvaient mener paître leurs mulets, leurs brebis et autres animaux, *etc*.

L'origine des pénitens dans la Basse-Provence remontant à l'année 1250, on ne dut pas tarder d'en établir chez nous.

C'est dans ce temps que commencèrent également les divers ordres de chevaliers et les chapellanies jouissant de certains bénéfices.

A cette époque les femmes publiques n'avaient pas le droit de porter le voile, on pouvait le leur arracher. Nous trouvons la même défense proclamée dans Barbentane même, sur la place publique, *in plateâ publicâ*, vers la fin du quinzième siècle.

A Avignon elles ne pouvaient toucher à aucune des marchandises exposées sur le marché, telles que fruits, pain, viande, *etc*.

La peine la plus redoutée était alors celle de l'excommunication.

Le plus ancien titre de nos archives communales n'est que de 1274; ce qui, joint à l'extrême difficulté des vieilles écritures, nous prive de détails qui ne pourraient que nous intéresser.

Nous apprenons de l'histoire de Provence qu'on ne se servait communément pour souliers, au onzième et au douzième siècle, que d'une espèce de sandales attachées par des lacets autour de la jambe et se croisant sur les pieds. Les gens du peuple marchaient nu-tête ou se couvraient le chef d'un bonnet ou d'un capuchon ; le chapeau, objet de luxe, n'était porté que par les nobles.

Les ecclésiastiques portaient généralement des habits de couleur : le rouge et le bleu étaient des signes de joie ; le noir, de deuil, et, selon un troubadour, on le portait à confesse.

En 1267 l'archevêque d'Avignon accorda aux seigneurs de Barbentane une sentence d'absolution pour cause de négligence à retenir en prison un nommé Robert de Barbentane, coupable d'un homicide commis sur le chemin d'Arles quelques mois auparavant.

L'an de l'incarnation 1292 et le 29 des calendes d'avril, sous le pontificat du pape Clément V, eut lieu une transaction touchant la dîme de Barbentane entre maître Raymond de Codolet, chanoine de l'église d'Avignon et prieur de l'église de Barbentane, d'une part, et noble Raynoard, chevalier, Guillaume de Boulbon et Béranger de Barbentane, damoiseau dudit lieu, Guillaume Aquesibius, Raymond Jumène et Rostand, syndics ou procureurs de ladite université, [en leur nom et au nom de tous les habitans, des militaires même,] les ecclésiastiques seulement et les religieux exceptés.

Il y fut convenu et statué que tous ceux qui possédaient biens fesant partie de ladite dîme paieraient chaque année audit prieur le septantième sur les gerbes de tout blé ou froment susceptible d'être lié, tels qu'avoine, orge, seigle, *etc.*, et cela, avant de les entasser ; le septantième sur le millet, pois, fèves, et autres légumes provenant des terres soumises à ladite dîme ; le septantième sur les raisins, les particuliers ayant soin de les faire ramasser à leurs frais sans aucune contestation ; le septantième sur les troupeaux de brebis ou de chèvres paissant sur les terres dépendantes de la dîme, avec la réserve que si les troupeaux n'allaient pas à ce nombre, il se ferait le jeudi-saint de chaque année une estime et un recensement des bêtes en question, chacun ayant soin d'en faire au temps prescrit une exacte déclaration. Que si les particuliers ayant fruits, légumes ou troupeaux les vendaient ou les aliénaient avant le temps fixé ou n'en fesaient pas la déclaration, le prieur aurait droit d'exiger le quarantième ; et s'il survenait quelque doute ou quelque obscurité sur ladite dîme, ce serait à l'évêque ou à son official qu'on devrait en référer. Et tout cela se jura sur les Saints Évangiles de la manière la plus solennelle. Le prieur lui-même jura de les faire observer dans l'intérêt et au nom de l'université du lieu de Barbentane. Il fut aussi juré qu'on tiendrait de part et d'autre aux promesses mentionnées sans fraude, ni ruse, ni malice, sous hypothèque et obligation de tous les biens des particuliers, et à la condition que le prieur ne pourrait en exempter ni absoudre personne.

Dont acte passé devant le notaire du lieu, signé avec les témoins : Hugon de Morières, Béranger Raynoard, Raymond de Furonne, Jean Aquesibius, diacre, et Bernard Tibuasius, notaire de l'évêque.

CHAPITRE IV.

***

Il est temps d'étaler ici , avec cette pompe et cette profusion qui lui conviennent si bien , les curiosités que l'on rencontre à Barbentane. On pardonnera sans doute à un de ses enfans d'en être enthousiasmé. Si j'écoutais mon entraînement , j'oserais presque avancer qu'il n'est pas de pays renfermant dans un si petit espace le tableau des merveilles, des agrémens et des variétés sans nombre que nous offre dans son étroite enceinte la ville de Barbentane : belles et vastes plaines , du sein desquelles proviennent les plus exquis et les plus riches dons , où l'on peut en tout temps respirer un air embaumé parmi les plantes et les arbres de tous genres ; monumens antiques, moulins, forts, tours, châteaux magnifiques, maisons de plaisance, grands et superbes ponts, tant en pierre qu'en fils de fer ; télégraphe électrique et chemin de fer d'un côté, bateaux à vapeur de l'autre ; carrières de toutes pierres, eaux salutaires, parcs délicieux, chapelles, croix, oratoires aux sites enchanteurs, montagnes imposantes, riants et fertiles côteaux du haut desquels on jouit du plus ravissant spectacle et d'où la brise du midi nous apporte au printemps l'odeur des thyms et des romarins fleuris ; fruits et légumes de toute espèce et les plus succulens : tout y abonde, y surabonde même pour l'agrément ou l'usage de ses nombreux habitans. C'est assurément pour cela que notre Statistique, comme tous les écrivains traitant de Barbentane, préconisent sa beauté et exaltent à l'envi la gaîté de son peuple.

Aussi nous sentons-nous porté, comme par enchantement, à célébrer ainsi sa fortune et sa gloire :

> Côteau charmant, belles campagnes,
> Riche pays de nos aïeux,
> Entre ta plaine et tes montagnes
> Nous trouvons tout pour être heureux.

Observateurs de la belle nature, et vous tous hommes curieux des monumens du moyen-âge, historiens, poètes, peintres et archéologues, venez, le champ est vaste et fécond en sujets ; venez contempler avec nous les innombrables beautés et les ruines précieuses que la faux du temps ou le vandalisme du dernier siècle ont laissées derrière eux ; venez, et parmi tous ces débris, nous tâcherons de recueillir ensemble les traditions , les chroniques et les légendes de nos fidèles aïeux.

Et d'abord, n'étaient-ce pas autant de merveilles que ces longs et solides remparts, flanqués de tours par intervalles, qui entouraient nos maisons; que ce château magnifique dominant tout le pays et la flèche du clocher qu'on apercevait de loin ? Quelle main téméraire a donc osé y toucher ? Ah ! lecteur , je suis bien persuadé , j'ai l'intime conviction que tous mes compatriotes et même les étrangers qui s'en font une idée, les voudraient voir rétablir.

Malheureusement tout le mal n'est pas là, car si, pour satisfaire une avide curiosité , nous avons le courage de remonter plus haut , quel regret amer et quelle désolation de ne pouvoir discerner au quartier de Saint-Jean l'antique Bellinto , ses rustiques maisons et sa petite église ; mais non, il n'y reste plus rien : un silence profond a succédé au bruit qui y régna jadis. Ne pouvant donc réparer d'aussi déplorables pertes, nous nous contenterons de décrire Barbentane et ses quelques monumens.

Commençons par les anciens.

Le presbytère ou maison curiale , éloigné d'environ trente mètres de l'église, fut construit sur les ruines d'une ancienne maison de l'ordre des Templiers, lesquels, suivant l'histoire , tiraient leur nom d'une première maison située en Palestine , près du temple de Salomon. C'était un corps entièrement dévoué au salut de l'État. Des voleurs de profession arrêtant et détroussant les voyageurs en 1190 , on chargea les Templiers de veiller nuit et jour à la sûreté des routes , et on obligea les habitans des villes et des campagnes à leur donner chaque année un septier de froment par charrue.

D'après l'itinéraire de la célèbre expédition des Croisades, Barbentane étant devenu un lieu de hâlte pour les pè-
lerins qui se rendaient de Bordeaux au Saint-Sépulcre, ce
poste fixa les yeux des Templiers qui y ont laissé des traces encore vivantes de leur passage dans plusieurs rues,
et notamment, dans la maison curiale (1) où l'on remarque
comme un de leurs ouvrages deux grands arceaux d'une
épaisseur extraordinaire, dont le dessus forme une terrasse.

La maison curiale, nous dit la Statistique, fesait partie
du cloître des Templiers ; on y voit leurs croix, et des tombeaux en briques ont été reconnus autour de son enceinte.

Un autre domaine des Templiers était le *Mas* du Temple,
des Templiers, ses premiers possesseurs, suppliciés en
l'année 1312.

Après les Templiers, il siégea dans la maison curiale une
commanderie de l'ordre de Saint-Jean. Le clocher de notre
église en porte aussi la marque dans une croix qu'on trouve
à son sommet, et le quartier du terroir qu'on nomme *Cou-
mandours* rappelle ses domaines.

Quant à sa naissance au sein de Barbentane, c'est, selon
quelques-uns, au sire Henry-Joseph de Robin que Barbentane dut l'érection d'une commanderie, grâce à un acte
héroïque qui le signala en Pâlestine, alors que cette terre-
sainte était arrachée aux mains des infidèles.

L'auteur des *Bords du Rhône* va nous apprendre à
quelle occasion. Écoutons-le parler.

« Malgré, nous dit-il, les délices que lui offrait la ville
» natale, la noble famille de Robin Barbentane n'en conti-

______

(1) La maison curiale est encore appelée Clastre du latin *Clau-
trum*, cloître.

» nua pas moins ses glorieux travaux , poursuivant tou-
» jours son élévation dans l'ordre des chevaliers de Malte :
» aussi , devons-nous préconiser ici le courage invincible
» que le fier chevalier montra dans les combats , fesant ,
» comme nous allons le voir , prouesses et merveilles.
» Brave parmi les plus braves , c'est un de Barbentane ,
» le pieux Henri-Joseph qui , dans une mêlée terrible , s'é-
» lança comme un lion sur le chef des Sarrasins haut
» comme une tour : combat de David et de Goliath , non
» pas à distance avec une fronde et une pierre , mais com-
» bat corps à corps , fer contre fer, poitrine contre poitrine,
» combat de géant dont le chevalier de Malte sortit vain-
» queur.
» Que ferais-tu à ma place d'un ennemi vaincu , dit-il
» au chef barbare en le tenant sous son genou gauche et
» sous la pointe de son poignard ?
» Ce que j'en ferais , répondit fièrement le chef sarra-
» sin , je l'égorgerais sans merci.
» Eh bien ! infidèle , relève-toi, reprend le preux Bar-
» bentanais ; moi , chevalier chrétien , je te fais grâce.
» Ce magnifique fait d'armes fut largement récompensé ,
» car le Grand-Maître de l'Ordre , voulant en consacrer la
» mémoire , érigea Barbentane en commanderie hérédi-
» taire avec un apanage de quatre mille livres. »

Nous apprenons d'autre part qu'un noble personnage ,
atteint d'une indisposition dans une de ses courses aux
environs de Saint-Gilles et recevant d'un chevalier barbentanais les soins les plus empressés , obtint à Barbentane
ladite commanderie avec quatre mille livres. C'est toujours
glorieux pour celui de nos ancêtres qui en fut le fondateur.

Il paraît qu'au commencement du quatorzième siècle on

dénonçait facilement les personnes reconnues coupables de contravention aux règles établies, car nous trouvons aux archives des Puget, à la date des années 1303, 1304 et 1305, de grands livres de la cour commune du lieu de Barbentane concernant les dénonces.

Une violente contestation s'étant élevée en l'année 1303 entre Béranger de Barbentane et Bertrand de Boulbon, au sujet d'un fossé pratiqué dans le pays, la dispute fut soumise au vicaire général de l'évêque d'Avignon, qui mit fin au différend.

Nous trouvons aussi aux archives du château de M. de Puget des actes sur parchemin, de l'an 1313, contenant une protestation de la part de nos co-seigneurs contre l'archevêque d'Avignon, sur ce qu'il avait nommé un juge à Barbentane sans leur participation, sachant que c'était à eux que ce droit appartenait. On y voit ensuite la mise en possession d'une partie de la jurisdiction du lieu de Barbentane par noble Guillaume du Réal.

Il appert aussi de la lecture de nos vieux manuscrits que de nombreux troupeaux paissaient anciennement sur notre territoire, tandis que d'autres qui descendaient à Arles ou qui en revenaient le traversaient dans toute sa longueur, suivant nos grands hermas. C'est pourquoi, nous trouvons qu'en 1282, 1302, 1315 et 1319, on désigne, par actes passés devant le notaire du lieu, Martin Dalmacii, et Bertrand Jumène, notaire d'Avignon, les pâtis destinés au passage ou à la dépaissance des troupeaux.

Nous avons, en outre, une procuration datée du 5 septembre 1319, et reçue par ledit Bertrand Jumène, laquelle fut faite dans un conseil général, à Raymond Piccarelli,

Bertrand Raynaudi et Bertrand Vianesii , pour faire contribuer les nobles , et en particulier, pour transiger au sujet
de la mouture du moulin nouvellement construit près de
l'église de Saint-Jean.

A ce sujet nous croyons à propos d'émettre une réflexion
qui nous paraît fort juste. Tout nous porte à penser que
le moulin et l'église dont on nous parle ici étaient situés au quartier de Saint-Jean , près de là roubine vieille ,
où la tradition porte que ces deux monumens existaient
jadis. Nous en trouvons d'autres preuves dans un manuscrit
ou acte de l'année 1320 où l'on fait aussi mention d'un
nouveau four et d'un moulin que l'évêque fit construire
près de l'église de Saint-Jean , ensuite d'une concession
que lui fit la communauté d'amener les eaux de la Durance au terroir de Barbentane , ce qui dut donner naissance à la roubine des Brassières , aujourd'hui anéantie.
Enfin , tout en lisant que le 10 décembre de l'année qui
nous occupe il fut créé dans notre commune un nouveau
syndicat , nous trouvons un instrument renfermant procuration pour aller moudre audit moulin , sis , au dire de
nos pères , près du pont de la Ramière. Quant à l'église
que nous ne pouvons confondre avec celle du couvent ,
ce pouvait bien être un reste de l'antique Bellinto.

Il conste d'autre part qu'en 1318 il fut construit à Barbentane , aux frais du pape Jean XXII , un nouveau moulin
à eau , et que les eaux y furent amenées , en l'année 1320 ,
aux dépens de l'archevêque ; c'est incontestablement le
moulin dit de l'*Ouryaou*, que nos grands-pères ont vu fonc-
tionner.

Quoique ce dernier moulin datât de 1320 , notre communauté n'en prit investiture qu'en 1546.

À trente mètres environ du quartier dont nous parlons, on remarque une fontaine, bassin demi-circulaire dans lequel on descend par des marches ; ce bassin, qui n'était dans le principe qu'un mauvais trou, fut construit et bâti tout autour en l'année 1320 ; sa source a fait tourner durant plus de trois siècles le fameux moulin à eau dont nous venons de parler. L'excellence de l'eau jaillissant de cette source est au-dessus de toute expression : saine, limpide et sans saveur, fraîche en été, d'une chaleur tempérée en hiver, elle est toujours convenable à la santé du corps. Aussi, préférablement à l'eau des meilleurs puits, les femmes et les filles y vont-elles chaque jour des quartiers les plus éloignés en puiser dans des cruches, des arrosoirs ou des *brocs* en cuivre qu'elles portent sur la tête. Deux pompes y servaient naguère à remplir plus commodément ces divers ustensiles ; mais comme elles se détraquaient souvent, l'administration, lassée des dépenses qu'elles lui occasionnaient, se détermina à les faire enlever.

Nous trouvons aux archives du château de M. de Puget, à la date de l'an 1322, des lettres-patentes du roi Robert en faveur de Jean de Cabassolle, son grand-maître rationnel et l'un des principaux seigneurs, pour traiter des frais de la guerre entre lui, le pays et le duc de Savoie, contre un certain personnage, se disant empereur, qui persécutait l'église.

L'église de Barbentane, tenant du roman et du gothique, réunit, dans sa simplicité, les divers ordres d'architecture.

Bâtie à diverses reprises, elle fut commencée, nous dit-on, vers le milieu du douzième siècle où se fit la grande nef , et d'après un document authentique , l'original même écrit sur parchemin , elle fut augmentée du côté du nord en 1324.

Si nous n'avons pu , à notre grand regret , trouver dans nos vieux manuscrits l'acte concernant sa première fondation , nous croyons pourtant utile et même intéressant de reproduire ici une copie fidèle et une traduction littérale de l'acte qui concerne son augmentation.

AUGMENTATIO ECCLESIÆ BARBENTANÆ.

« Anno incarnationis domini millesimo trecentesimo vigesimo quarto , scilicet , quartâ die mensis aprilis , domino nostro sanctissimo papâ Joanne , vigesimo secundo episcopatum Avenionensem ad manum suam tenente.

» Notum sit omnibus præsentibus et futuris quod cùm ecclesia beatæ Mariæ castri Barbentanæ indigeret reparatione et augmentatione , et multis tractatibus habitis hinc indè suprà reparatione et augmentatione dictæ ecclesiæ , fuit ad ultimum ordinatum quòd dicta ecclesia augmentetur usquè ad carrieram rectam , et quod juxtà et secundum quod opus ipsius ecclesiæ fuit inchoatum , secundum opus de novo inchoatum continuetur. Tandem , super pluribus tractatibus habitis cum pluribus magistris de opere perficiendo juxtà modum inchoatum ad ultimum , conventione habitâ cum pluribus nobilibus et aliis probis hominibus loci prædicti Barbentanæ de opere ipsius ecclesiæ perficiendo et complendo cum magistro Berengario Bermundi, pactum et conventionem cum eodem Berengario iniverunt de dicto opere faciendo et complendo, videlicet : Bertrandus Vianesii , Bertrandus Raynaudi , syndici dicti

castri Barbentanæ, nomine hominum et universitatis castri prædicti Barbentanæ, quòd dictus magister Berengarius opus prædictum ecclesiæ complere et perficere tenea-
tur, et istis tractatibus et conventionibus habitis et com-
pletis inter ipsos syndicos, nomine universitatis dicti castri, ex unâ parte, et dictum magistrum Berengarium, ex
alterâ. Dictus magister Berengarius promisit et obligavit se
et omnia bona sua, et specialiter bona mobilia et immobilia
quæ habet in castro Novarum et in suo territorio et in
Castro-Raynardi facere in quinque Paiis, faciendo hom-
gonares arqueas quatuor positas circumquâque, hoc acto
quòd murus ipsius caput ecclesiæ sit quatuor palmarum,
et arquea quælibet ipsarum dictarum palmarum augmen-
tando et diminuendo dictas arqueas juxtà cognitionem magistri Joannis Barbarini, magistri operum domini nostri
papæ, et aliorum magistrorum electorum per venerabi-
lem virum dominum Geraudum cap. mûl. legum doc-
torem, archidiaconum majorem in ecclesiâ Caturcensi, temporalibus et spiritualibus episcopatûs Avenionensis vica-
rium generalem, ad requisitionem et inspectionem ipsorum
magistrorum, hoc acto quòd dictus magister Berengarius
in dicto opere debeat facere vistras sufficientes et utiles in
capite ipsius ecclesiæ et in aliis partibus quibuscumque
ipsius ecclesiæ et arqueas sufficientes, necessarias et utiles
in dicto opere, et in dictâ ecclesiâ facere armasia necessaria et in locis necessariis, et facere fundamentum dictæ
ecclesiæ, suis et propriis expensis, sufficiens usquè rupe
et caput quod nunc est in dictâ ecclesiâ fundere, et alia si
quæ sunt fundenda in ipsâ ecclesiâ, suis propriis sumptibus et habere bonum mortierum et sufficiens de calce
ad arbitrium dicti magistri Joannis Barbarini et aliorum

magistrorum et stagerias et syndrias et alios fustes , si qua
sunt necessaria dicto operi et facere muros dictæ ecclesiæ ,
juxtà formam murorum qui nunc sunt in ipsâ ecclesiâ ,
et facere crotam vel crotas computando duas cannas pro
tribus cannis , et quòd ipse debeat cavare dictas crotas
juxtà pavimentum quod fiet desuper , sic quòd non opor-
teat nisi bardare et quòd dicti sindici et universitas dicti
castri Barbentanæ habere debeant ad pedem ipsius ecclesiæ , eorum propriis sumptibus , queyronos et massaqua-
nos , et omnes lapides qui erunt necessarii in dicto opere ,
et quòd dicti queyroni et lapides sint sclapati prout sunt
illi qui portantur Avenionem ad vendendum , et quòd dicti
syndici et dicta universitas dare debeat dicto magistro
Berengario pro quâlibet cannâ quinquaginta solidos Via-
nensium nunc currentes , scilicet taliter quòd unus tu-
ronus grossus argenti fini et legalis ponderis cum O ro-
tundo valeat viginti denarios et unus Julliatus decem et
octo denarios , et quòd ultrà numerum dictarum cannarum
quæ erunt in dicto opere , promiserunt dicti syndici nomine quo suprà dare dicto magistro Berengario quindecim
libras dictæ monetæ ; et quòd dicti sindici debeant sol-
vere dictum pretium ipsi magistro Berengario juxtà opus
factum per dictum magistrum , hoc acto etiam quòd prædictus magister Berengarius debeat facere scindere lapides et cayronos juxtà opus novum inchoatum et vetus dictæ
ecclesiæ, et quòd in capite dicti chori et suprà arcum debeat
facere unum O juxtà sufficientiam et valorem dicti operis
et cognitionem dictorum magistrorum, et hoc acto quòd
si aliquid minùs completè et perfectè per dictum magistrum
Berengarium fieret in tantum quòd dictus magister Joannes vel alii magistri cognoscerent quòd illud erat minùs

benè factum , sindici memorati possint illud destruere seu illud destrui facere expensis dicti magistri Berengarii ; et dictus magister Berengarius promisit illud postmodùm reædificare , complere et perficere expensis suis propriis, et prædicta promissa omnia juravit ad sancta Dei evangelia complere et attendere et fideliter in omnibus se habere , et super præmissis supposuit se jurisdictioni et compressioni curiarum Barbentaniæ , Novarum, in temporalibus et spiritualibus et cameræ domini nostri papæ , et voluit quòd de præmissis posset fieri instrumentum publicum meliori modo quo dictari poterit ad dictamen dicti domini vicarii vel alterius cujuslibet sapientis ad utilitatem dictorum sindicorum et universitatis prædictæ , et renuntiavit prædictus Berengarius de pacto expresso solemni stipulatione vallato si super prædictis vel aliquo prædictorum ea conveniretur petitionis libelli et simplicis petitionis et transcripto hujus instrumenti et notæ ejus et beneficio appellationis et contradictionis per eum faciendæ vel interponendæ , et omnibus feriis messium et vendemiarum aliis quibuscumque , et omni juri canonico vel civili promulgato vel promulgando , usui et consuetudini et fori privilegio , et generaliter omni alio juri et exceptioni quibus mediantibus contra prædicta vel aliquod prædictorum posset facere vel venire , per se juvare sub omni juris renuntiatione pariter et cautelâ.

» De quibus dicti syndici , nomine universitatis hominum castri Barbentanæ , et dictus magister Berengarius , nomine suo proprio, petierunt sibi fieri unum vel plura instrumenta per me notarium infrà scriptum.

» Actum fuit hoc in castro Novarum, in fortalitio coràm januâ cameræ dicti domini vicarii.

» Testes præsentes interfuerunt : dictus dominus vicarius, Berengarius de Barbentanâ ; Guillelmus de Reali domicellus ; dominus Raymundus Lamberti , sacerdos de Gravisione ; magister Joannes Barbarinus , capistra lapicida de Castro Novo ; Raymundus de Moleriis domicellus ; viguerius Novarum ; et ego Bertrandus Jumene , notarius episcopatûs Avenionensis pro domino episcopo , publicis prædictis omnibus etiam prosens fui qui de voluntate partium prædictarum ad requisitionem prædictorum syndicorum nomine quo suprà , hoc præsens instrumentum scripsi et in formam publicam redegi et signo meo consueto signavi. »

« L'an de l'incarnation du Seigneur , mil trois cent vingt-quatre et le quatrième jour du mois d'avril , notre très-saint père le pape Jean XXII , occupant l'évêché d'Avignon , fesons savoir à tous , tant présens qu'à venir , que l'église de la bienheureuse Marie , du lieu de Barbentane , ayant besoin de réparation et d'augmentation , et plusieurs traités ayant eu lieu à cet effet , il fut enfin arrêté qu'on l'augmenterait jusqu'à la *rue droite* , et qu'on exécuterait la continuation de ladite église de la même manière qu'elle avait été commencée. Après plusieurs délibérations prises par nos magistrats sur la confection de l'ouvrage , il se tint une dernière assemblée des nobles et autres principaux habitans du lieu de Barbentane sur l'exécution du travail mentionné , lesquels convinrent avec maître Béranger Bremond que ce dernier se chargerait de l'œuvre. Parmi eux se trouvaient Bertrand Vianesii et Bertrand Raynaud , syndics du lieu de Barbentane , d'une part , et maître Béranger , qui s'engagea à accomplir ladite œuvre , soumettant à cet effet sa personne et tous ses biens , spécialement les biens mobiliers et immobiliers qu'il possédait

au terroir de Noves, ainsi qu'à Châteaurenard, s'obligeant
d'y construire quatre arceaux homogones tout autour, de
manière que le mur du faîte de l'église ait quatre pans
d'épaisseur, augmentant ou diminuant lesdits arceaux,
à la connaissance de l'architecte Jean Barberin, chargé de
l'œuvre, de notre Saint-Père le pape et des autres magistrats élus par vénérable maître Giraud, docteur ès-droit,
grand archidiacre de l'église de Caturce et vicaire général de l'évêque d'Avignon, tant pour le temporel que pour
le spirituel ; sur la réquisition et l'examen desdits magistrats, à la condition que ledit maître Béranger devra faire
à l'édifice les fenêtres ou vîtres suffisantes au haut de l'é-
glise et à tous autres endroits qu'il sera nécessaire ainsi que
des arceaux ; qu'il y fera les armoiries indiquées et don-
nera à cette nouvelle partie de l'église d'assez bons fondemens, s'appuyant sur le rocher ; qu'il y fera une voûte
égale en tout à celle qui existe, et tout cela à ses frais,
ayant soin d'employer du bon mortier et une assez grande
quantité de chaux, au jugement de maître Jean Barberin et
des autres magistrats, fournissant les étagères, les cindres
et les poutres nécessaires à la confection dudit ouvrage ;
qu'il fera les murs de ladite église conformes à ceux qui
la soutiennent déjà ; qu'il y fera une grotte ou des crottes,
computant deux cannes pour trois, fesant ces caveaux de
suite après le pavé qu'il devra fonder dessus, de manière
qu'il n'y ait plus qu'à daller. Les syndics de leur côté
et l'université du lieu de Barbentane, devront apporter
et tenir prêts au pied de l'église, à leurs propres frais, les
queyrons, les massaquans et autres pierres nécessaires à
ladite construction, et ces pierres et queyrons devront être
équarris comme le sont ceux qu'on va vendre à Avignon ;

et les syndics de l'université donneront audit Béranger
cinquante sous de la canne, sous de Vienne, actuellement
de cours, de manière qu'un gros tournois d'argent fin et
de poids légal ayant un O rond au milieu vaille la somme
de vingt deniers et le Julliat dix-huit deniers. Quant aux
cannes qu'il y aurait en sus de celles déjà comptées, les
syndics promettent, aux mêmes noms que dessus, de donner audit Béranger quinze livres de ladite monnaie, qu'on
le paiera à raison du travail qu'il aura fait, et à la condition encore que ledit Béranger fera tailler les queyrons
comme on le fit dans l'ancien ouvrage, et qu'au haut du
chœur, sur l'arceau même, il aura soin de faire un œil
de bœuf, selon que le demanderont la grandeur et l'importance de l'ouvrage, à la connaissance de MM. les Syndics ;
à la condition encore que si ledit Béranger ne rend pas
l'ouvrage dans toute sa perfection, de manière que ledit
Jean Barberin et les autres magistrats jugent qu'il va moins
bien que l'on n'était d'accord, lesdits syndics pourront le
détruire ou le faire abattre aux frais dudit Béranger, et ledit Béranger promet de le rebâtir ensuite et de l'exécuter
à ses propres frais ; et en même temps il a juré sur les
Saints-Évangiles de tenir à ses promesses, de se conduire
en tout avec fidélité, se soumettant à cet effet à la jurisdiction et répression des cours communes de Barbentane et
de Noves, pour le temporel comme pour le spirituel,
ainsi qu'à la caméra de notre Saint-Père le Pape, comme
aussi il a voulu qu'on délivre des articles mentionnés
un instrument public le plus fidèlement que faire se pourrait, sur l'exposition qu'en ferait le vicaire général ou
tout autre homme sage pour l'avantage des syndics et de
l'université du lieu de Barbentane ; et ledit Béranger a

solennellement déclaré et stipulé qu'il tâchera de se biai-
ser à toutes les observations ou demandes qu'on pourra
lui faire ainsi qu'aux appels ou contradictions qu'il pourrait
lui-même opposer , qu'il aura égard aux jours fériés des
moissons et des vendanges , et se soumettra toujours aux
droits canoniques et civils promulgués ou à promulguer ,
aux usages du lieu, au privilége du forum , et généralement à tous les droits et exceptions au moyen desquels
il pourrait s'opposer à l'exécution des présentes. Desquelles choses les syndics , au nom de l'université , des
habitans de Barbentane , d'une part , et ledit maître
Béranger , de l'autre , ont demandé qu'il leur fût délivré un ou plusieurs actes signés de moi , notaire.

» Passé au château et dans la forteresse de Noves, en la
maison de M. le Vicaire , en présence des témoins qui
ont été : ledit vicaire , Béranger de Barbentane ; Guillaume
du Réal , damoiseau ; Raymond Lamberti , prêtre de Graveson ; maître Jean Barberin , de Château-Neuf ; Raymond
de Moleri , damoiseau viguier de Noves ; et moi, Bertrand Jumène , notaire de l'évêché d'Avignon, qui ai assisté en personne au nom de monseigneur l'Évêque.

» Aux conventions ci-dessus exprimées , et sur le désir
que m'en ont manifesté les parties et la demande des syndics , au même nom que ci-dessus , ai écrit le présent
acte , l'ai rédigé comme on le fait communément et l'ai
signé à l'ordinaire. »

Quant à l'institution des diverses chapellanies , lesquelles , comme nous verrons , étaient autant de bénéfices dépendans de l'archevêque , nous en trouvons la date dans
l'extrait d'un procès-verbal de visite pastorale faite au lieu
de Barbentane , le 19 octobre 1654 , ainsi que les jours

suivans, par monseigneur Dominique de Marinis, évêque d'Avignon, le même qui rétablit notre tour, et 1° de la chapellanie sous le titre de Saint-Jean l'évangéliste, fondée, le 8 juin 1402, par dame Jaquette Reboul, veuve de Guillaume Bousson, du patronage des sieurs consuls de Barbentane ; 2° de la chapellanie sous le titre de saint Jean-Baptiste, fondée, le 22 août 1467, par Coulin Ramel, du patronage de M. de Mondragon, comme cessionnaire du sieur Pierre Fontaine, du sieur premier consul et du sieur premier ouvrier ou marguillier de la paroisse. Notez que cette chapelle a eu long-temps une grande porte d'entrée fermée par une grille, un bénitier à côté et un autel au milieu où l'un des prêtres agrégés célébrait les saints mystères ; 3° de la chapellanie sous le titre de St-Antoine, fondée, le 24 juin 1361, par Pierre Bon-Ami, seigneur de Bononia, du patronage des sieurs consuls et des sieurs ouvriers ou marguilliers, augmentée ensuite par Donna Fiesque Renaude, le 16 juin 1427 ; 4° de la chapellanie sous le titre de Sainte-Catherine, fondée, le 16 août 1451, par George Sarretti, unie avec celle de Sainte-Marthe, du patronage des sieurs consuls et des sieurs ouvriers.

Nous trouvons aussi dans quelques vieux registres l'avènement des biens possédés autrefois par lesdites chapellanies, et il conste d'autre part que leur réunion au corps agrégé des prêtres ou du clergé du pays s'effectua le 20 août 1762.

Le clocher de notre église, dont la flèche avait 17 mètres ou 8 cannes quatre pans de hauteur, et l'ancienne sacristie au-dessus de la chapelle de la croix, furent donnés à prix fait et commencés le 19 février 1484, ce qu'on voit dans l'acte même délivré par Guillaume Moria, notaire d'Avignon.

Parmi les règlemens publiés à cette époque, il en est un qui défend aux carriers de Barbentane d'aller extraire des pierres aux carrières communales, destinées à fournir les pierres nécessaires à ladite construction.

Ce vieux clocher nous montre encore son sommet triste et chauve, privé de sa flèche aiguë renversée par le marteau de la révolution, de sa flèche, hélas ! qui s'harmoniserait si bien aujourd'hui avec les tours et les balustrades à dentelure du vieux castel qui l'avoisine.

Pour ce qui concerne la nef de l'église ou chapelle de Saint-Joseph, sur l'emplacement de laquelle la tradition porte qu'il y avait autrefois un verger d'oliviers, voici ce que nous croyons devoir s'y rapporter.

Dans un acte ou reconnaissance de biens, passé en 1550, il est parlé de deux casaux possédés sous la directe du seigneur archevêque, au nom de la claverie du lieu de Barbentane, et situés auprès de l'église, confrontant : du levant, la maison de la chapelle de Saint-Jean ; du couchant, la chapelle de la Sainte-Croix ; du midi, l'église ; d'aure, la rue, à la concine de 6 sous tournois, payables tous les ans, aux fêtes de la Noël, à ladite claverie ; c'est incontestablement la chapelle dont nous parlons, laquelle, comme on sait, n'a été unie à celle de la Sainte-Vierge, par la démolition du mur de séparation, qu'en 1846.

De plus, on lit sur la petite porte d'entrée donnant sur la rue du nord, le millésime suivant : 1561, ce qui concorde bien avec la remarque émise ci-dessus.

Enfin, nous apprenons d'une délibération tenue par nos consuls, le 3 mai 1652, qu'on fit construire cette année la nouvelle sacristie et qu'elle coûta 46 livres 16 sous pour cinquante-deux journées, 6 livres pour la chaux, 6 livres pour quatre-vingts queyrons et 5 livres 16 sous pour les bards ou dalles nécessaires.

Ces divers renseignemens nous prouvent évidemment que notre église paroissiale a été faite en quatre fois.

Nous apprenons d'autre part qu'elle fut substituée à celle du couvent, laquelle, comme nous verrons, avait pour patron Saint-Étienne, premier martyr.

Dédiée à Notre-Dame-des-Grâces et sous le patronage du grand saint Jean-Baptiste, notre église actuelle était autrefois desservie par douze prêtres natifs de la commune, y compris le curé et ses vicaires, formant un corps d'agrégés.

Quoiqu'un peu petite pour la population, on peut dire que c'est un édifice d'une majesté imposante ; elle présente en entrant une voûte et un sanctuaire élancés d'une rare beauté. Trois magnifiques tableaux. et un superbe Christ apporté du couvent ornent le fond du sanctuaire.

Le Christ suspendu en face de la chaire provient, nous dit-on, de la chapelle des Pénitens-Blancs, sise au bout de la rue qui en porte le nom. Tous les autels sont en marbre et les jours de grande solennité, richement décorés.

La gloire du maître-autel, qui a remplacé celle qui décore aujourd'hui celui de Saint-Éloi, est, quoique simple, admirable de goût, d'élégance, de hardiesse et de légèreté. Elle consiste en quatre jolies colonnes de marbre blanc, surmontées de quatre branches aussi de marbre et festonnées, repliées sur un demi-cercle. Une petite croix plantée dans une boule en couronne le sommet.

Notez que c'est à la générosité de nos compatriotes, la plupart d'une médiocre fortune, que nous sommes redevables de tous ses ornemens, tels que corps-saints, lustres , bannières , chandeliers , vases et bouquets de tous genres , et en particulier , de ses riches tableaux du chemin de la Croix.

Le dôme et la tourelle de la chapelle dite de Mondragon sont de fort beaux ouvrages.

La tribune , d'une extrême solidité, peut contenir jusqu'à deux cents hommes ; elle se prolongeait autrefois par une balustrade en bois jusqu'à l'autel de Sainte-Anne.

Un document authentique , écrit sur parchemin et trouvé à la cure , rapporte que la consécration de l'église paroissiale , et spécialement celle de la chapelle de la Croix , s'est faite le 22 novembre de l'an 1407 , sous le pontificat du pape Benoît XIII , résidant à Avignon , en suite d'une concession faite par le vicaire général de monseigneur l'Évêque.

Une dernière observation à faire sur notre église , c'est qu'elle était jadis plus riche en ornemens et en vases sacrés qu'elle n'est aujourd'hui ; car elle possédait de précieuses reliques , des statues de saints en argent et même en or massif , et de fort belles cloches. Mais , hélas ! que respecte et que ne détruit pas l'impie vandalisme !

Pour éviter maintenant l'insipide répétition d'une foule d'hommages dont la seule citation interromprait notre histoire et lasserait nos lecteurs, nous nous contenterons de donner ici la liste des plus célèbres.

Nous en trouvons de prêtés à l'évêque d'Avignon en l'année 1303 par Imbert, Bertrand et Guillaume de Boulbon , frères et co-seigneurs , et par Hugues de Vayran , tous damoiseaux du lieu pour les biens qu'ils possédaient au terroir de Barbentane ; un autre , en l'année 1306 , par le damoiseau Geoffroi ; d'autres , en 1318 , par Constance

de Régals , Guillaume et Alphonse de Régals , Béranger,
Hugues Guillaume et Bertrand Guillaume , son neveu.

On en trouve aussi beaucoup , en 1335 et 1346 ; par
différens co-seigneurs et nombre de damoiseaux , en 1248;
et enfin , en 1363 , par les nobles que voici : Bertrand
de Boulbon , Pierre Hugues , Geoffroi et Raymond Amon ,
seigneur de Rognonas, comme légitime tuteur des biens
possédés par son fils au terroir de Barbentane.

La traduction d'un de ces hommages , fait par un de
nos seigneurs à l'évêque d'Avignon, nous fera assez comprendre comment ils s'exécutaient.

In nomine Domini. Amen. Au nom de Dieu soit-il.

L'an de la naissance du Seigneur 1363 , et le 25 du
mois d'août , an premier du pontificat de Très-Saint-Père
et Seigneur Urbain , pape, cinquième de nom , par la
divine Providence. Que tous les hommes présens et à
venir sachent que moi , Pierre Hugon de Barbentane,
avoue et reconnais selon la vérité que je vous suis soumis ,
à vous , mon très-révérend père en Jésus-Christ , monseigneur Anglic de Grimoard , par la divine Providence
et la grâce du Saint-Siége , évêque d'Avignon , vous fesant humble hommage de tous les biens que je possède
et puis posséder encore au nom du fief de l'église d'A-
vignon et à fief perpétuel , comme aussi de tous les droits
et de tous les priviléges que j'ai en ce moment , que je
puis avoir encore et que d'autres après moi pourront tenir en mon nom au château de Barbentane, ainsi qu'à
son tènement, et cela, je vous le fais en mon nom et
au nom de tous mes héritiers ; comme aussi je vous promets
et à tous vos successeurs une entière dépendance , quelque chose qu'il arrive d'autre part que de vers vous ; et

pour prouver que je veux tenir aux promesses mentionnées, je les renouvelle ici en plaçant mes mains jointes dans les vôtres, prosterné à deux genoux et sur les saints Évangiles dont je baise le texte.

Pour nous, Anglic de Grimoard, par la permission divine, archevêque d'Avignon, sauf nos droits personnels et notre jurisdiction au château de Barbentane récemment aliéné, nous acceptons de vous, notre vassal, cet hommage d'aveu et de fidélité, ainsi que le baiser que vous venez d'appliquer sur les saints Évangiles, et de peur qu'on ne nous induise en mauvaise foi, nous accordons les présentes : témoins, entre plusieurs, Hugon Blanchi, licencié ès-droit, chanoine et grand chantre de l'église métropolitaine de la ville d'Avignon ; Raymond de Colombier, citoyen d'Avignon ; et Jean Artaud, damoiseau de Barbentane.

Nous trouvons, en outre, une foule de reconnaissances de divers particuliers à leurs seigneurs respectifs, reconnaissances qui étaient à cette époque comme nos baux actuels, se renouvelant tous les huit ou neuf ans.

Ayant encore en mains une foule de documens et ne voulant nullement les laisser dans l'oubli, nous nous voyons forcés de reprendre de plus haut le fil de notre histoire.

Une grave contestation s'étant élevée en 1322 entre Graveson et Barbentane au sujet de leurs limites, il se fit, cette année, une délimitation ou bornage de terroir et un mandat pour en établir les termes.

La chasse étant défendue, il conste, par un vieux manuscrit trouvé à la commune, que le 7 mars 1338, une sentence fut rendue, portant permission aux habitans de Barbentane de chasser au lièvre ainsi qu'à la perdrix. Il

paraît qu'en ce siècle , comme au siècle suivant, on donnait
à volonté et l'on retirait ensuite ces sortes de permissions ;
car , nous lisons dans l'histoire de Provence qu'en 1460 ,
le roi Réné prohiba dans les vigueries d'Arles , de Tarascon , d'Aix et de Marseille , la chasse au lièvre ainsi qu'à
la perdrix ; et en 1485 une défense expresse fut publiée sur
la place et dans tous les carrefours de chasser aux la-
pins avec furets , armes ou filets , sous peine de con-
fiscation.

Il conste qu'en 1325 , 30 et 35 environ , Robert , roi de
Naples et comte de Provence , donna au sire de Cabassolle
des marques éclatantes de son estime et de son affection en
l'honorant de plusieurs pensions par lettres-patentes si-
gnées de sa propre main.

En 1338 une effroyable inondation eut lieu dans nos campagnes : des hommes et des bestiaux y périrent submergés.

Dix ans après, la peste vint désoler nos pères. Le fléau
sévit avec une telle violence , qu'en l'espace de deux jours
il périt à Avignon plus de deux mille personnes. Aussi
se fuyait-on avec le plus grand effroi.

On ne pouvait sans danger se voir, encore moins se toucher. Les parens mêmes évitaient de se rencontrer : le
mari fuyait l'épouse ; le père , la mère , leurs enfans.

Une terreur religieuse saisissant tous les cœurs porta à
enterrer jusques dans les églises. C'est pourquoi l'on voit
dans le testament de Guillaume de Barbentane , daté de la
même année 1348 , que ce noble personnage y exprime
le désir d'être enterré dans sa chapelle de l'église Notre-
Dame du lieu de Barbentane.

Il paraît qu'il fut impossible d'expliquer la cause de cette
cruelle épidémie. Les uns l'attribuaient à un feu dévorant

qui sortait de la terre ; d'autres, à une pluie de vers et de serpens ; d'autres en accusaient le peuple israélite, si bien que Clément VI publia une bulle pour le justifier ; et c'est, pour le dire en passant, ce même Clément VI qui obtint pour 80 mille florins, de l'infortunée Jeanne, étouffée plus tard entre deux matelas, ou étranglée, selon d'autres, par ordre de Charles de Duras et de Louis de Hongrie, qui obtint, dis-je, la ville d'Avignon. On n'en était pas moins à la veille de grands malheurs ; car, en moins de trois ans, des revers de tous genres accablèrent nos aïeux.

Le récit de leurs maux fait frémir. Jamais, dans aucun siècle, génération se vit plus maltraitée. D'abord, il parut, en 1355, sur la rive gauche du Rhône, le fier Arnaud de Servole à la tête de ses brigands. Comme des loups affamés ces audacieux pillards dévastèrent nos contrées, massacrant les habitans ou les emmenant captifs, arrachant en aveugles les arbres et les vignes, et commettant partout les plus affreux dégâts. A la vérité, on enferma dans les villes les provisions qui restaient, les fourrages et les bestiaux ; mais se repliant sur Avignon, plus féroces encore, on eut dit que ces barbares voulaient l'anéantir.

Cependant le Saint-Père leur offrant une somme d'argent, on les vit disparaître pour quelque temps ; mais ils ne tardèrent pas de revenir.

Trois ans après ils firent une nouvelle irruption. Le pape consentit encore à leur accorder quarante mille écus ; ils partirent alors pour ne plus reparaître. C'est dans cet intervalle que, pour se mettre à l'abri d'une insulte probable, le Saint-Père fonda les superbes remparts qui en-

tourent Avignon et dont Ferdinand Hœrédia , grand-maître.
de Rhodes , fit presque tous les frais.

La même année 1356 le Rhône et la Durance étant sortis.
de leur lit ravagèrent nos plaines.

L'hiver qui succéda fut des plus rigoureux et, pour
comble de maux , la famine survint : la mesure de blé.
valut à Avignon jusqu'à 8 florins ou 69 livres. Ce n'est.
pas tout. Le ciel semblait avoir arrêté la destruction entière du pays. La peste qu'en moins de cinquante ans on
vit jusqu'à dix fois , la peste vint désoler nos pères ; du.
29 mars au 25 juillet 1361 , on compta dans Avignon
dix-sept mille victimes.

Au mois d'octobre de l'année suivante 1362 , les eaux
survinrent avec tant de violence que les remparts d'A-.
vignon furent abattus depuis la porte Limbert jusqu'à
celle de Saint-Michel.

Bientôt après les Tuchins, surnommés les *Tard venus*,
tombant sur la cité , nous dit une chronique, occirent
maints prud'hommes, violèrent maintes vierges , brûlè-.
rent les églises et quantité de maisons ; recevant pourtant du pape soixante mille florins ou 579,600 livres
ainsi que l'absolution , ils s'enfuirent en Italie. Il est donc
bien vrai de dire que plusieurs fois en ce temps et à di-.
vers intervalles des bandes de scélérats désolèrent nos contrées. Ne pouvant les réprimer , on leur fit d'abord un
don de dix mille florins d'or , de deux mille septiers de
blé et de deux mille brebis ; et dans une seconde incur-.
sion , il leur fut accordé vingt mille florins d'or (170,000
livres) non compris les biens ravis. Quoiqu'on leur sacrifiât.
des sommes considérables et qu'on ne recourût qu'à l'extrémité à ces moyens onéreux, ne croyez pas pour cela qu'on.

les ménagea toujours, car plusieurs fois le Saint-Père avait armé des soldats contre ces hordes infâmes.

Battus et rebattus, les barbares recommençaient leurs excursions, et la terreur bien souvent écartait devant eux nos pauvres campagnards, lesquels gagnant les hauteurs s'enfermaient dans les châteaux avec blé, vin et fourrages, livrant tout le reste aux flammes.

C'est sans doute pour cela que, le 18 juillet 1363, les états-généraux ordonnèrent en Provence la fortification des places et des châteaux.

Vers la fin de juillet 1364 un vent du midi apporta dans nos terres une si grande quantité de sauterelles que le ciel en fut obscurci, et les plantes et les arbres tout-à-fait dévorés.

Au mois de décembre le Rhône et la Durance gelèrent tellement que, s'il faut en croire l'historien Papon, l'épaisseur de la glace eut jusqu'à quinze pieds. Plusieurs, avec nous, pensent qu'il y a exagération dans ce fait. Ce qu'il y a de certain, c'est que les chevaux et les chars portant les plus grands poids y passaient sûrement. La rigueur de cet hiver devint funeste à un grand nombre de personnes qui périrent de froid. On avait vu une pareille température en l'année 1302 et on en vit d'aussi rudes en 1460, 1564, 1601, 1709 et 1719.

Pour comble de maux, des divisions intestines venant mettre le comble aux désastres du temps, nos seigneurs de village s'armèrent et guerroyèrent à mort les uns contre les autres. Mais si tant de calamités désolèrent la Provence et le comtat Vénaissin, pouvons-nous raisonnablement penser que notre ville natale n'en subit aucune atteinte ?

Il est fait mention d'autre part que, le 13 juillet 1353, il fut créé à Barbentane un nouveau syndicat; et, en 1357, une grave contestation s'étant élevée entre Bertrand de Boulbon, co-seigneur de Barbentane, et notre communauté au sujet des réparations qu'on fesait aux remparts attenants à sa maison, on eut bien de la peine à le faire consentir.

Voici comment, à cette époque, étaient partagés, à raison des droits à la jurisdiction, les revenus de Barbentane entre ses co-seigneurs.

Les uns y avaient droit par moitié; d'autres, pour le tiers; ceux-ci, pour un quart; ceux-là, pour un cinquième. C'est pourquoi nous remarquons que Bertrand de Boulbon et ses héritiers avaient droit aux revenus de la claverie, à raison de la sixième partie de la jurisdiction; Pierre Hugon, Guillaume du Réal et les héritiers de Louis de Cabassolle, à raison de la huitième; Gauffrid, à raison de la seizième; et quelques autres même, à raison de la trente-deuxième. Il paraît que ces portions se subdivisaient encore, puisque nous lisons sur un parchemin trouvé aux archives du château de M. de Puget, qu'en 1359 les co-seigneurs Jacques et Guillaume de Barbentane, remirent à Guillaume du Réal, leur oncle, co-seigueur dudit lieu, la troisième partie des quarante-deux portions de la jurisdiction.

Notez que ces droits qu'avaient nos co-seigneurs aux revenus de Barbentane, à raison de leur part de la jurisdiction, ne purent jamais leur être ravis par l'évêque d'Avignon. On trouve, en effet, à la date de l'an 1460, des actes authentiques qu'on produisit alors pour faire condamner, tant par arrêt du Parlement que par sentence du Grand-Conseil , ledit évêque qui prétendait exclure de la jurisdiction nos divers co-seigneurs , en vertu desquels actes ces derniers furent maintenus dans leurs droits respectifs ; aussi recommande-t-on expressément de garder ces mémoires pour servir d'instruction.

La note émise ci-dessus , comme une infinité d'autres , telles que celle des hommages , nous prouvent que , de ce temps , il y avait à Barbentane quantité de co-seigneurs , subordonnés pourtant à l'évêque d'Avignon. Ce ne fut guère que trois siècles après qu'ils furent réduits à deux : Barbentane de Puget et Barbentane de Robin.

Outre les droits et les biens que l'évêque et nos co-seigneurs possédaient en commun , le premier avait aussi le château éminent avec quelques régales aux environs du pays : les prisons de la jurisdiction étaient attachées à ce château ou maison épiscopale.

De cet ancien château qui , bien que réparé par intervalles , est aujourd'hui totalement ruiné , il ne reste debout que quelques pans d'une forte muraille et une haute tour. Solide et colossale , comme un superbe géant , elle semble attester son antique splendeur. Cette tour, ainsi que les remparts de l'ancien château , pose sur un rocher qui est taillé à sa base de manière à le rendre inaccessible dans sa circonférence , à l'exception du nord où le sol forme plusieurs terrasses plantées d'oliviers qui descendent jusqu'au village.

La tour actuelle , surmontée d'une autre petite tour qui fait l'ornement de la maison épiscopale , et au sommet de laquelle flottait autrefois , au bout d'une lance , un grand surplis , étendard de l'évêque , a été élevée sur les débris de l'ancien château , en 1365 , par Anglic Grimoard , car-

VUE DE L'ANCIEN CHATEAU.

dinal et évêque d'Avignon , frère du pape Urbain V. Elle
coûta , dit-on, quatre mille florins , ce que naguère il était
facile de voir dans l'inscription gravée sur une pièce de
marbre adossée contre ses murs , et dont on conserve encore les comptes à la préfecture d'Avignon dans le Recueil
des archives des anciens archevêques , *Diversorum Ave-*
nionensium , etc. , 1366 , fol. 3.

Pour savoir maintenant à combien reviennent ces quatre
mille florins , on n'a qu'à reconnaître s'il s'agissait ici d'un
florin petite monnaie d'Avignon , ou du florin d'or. Dans
le premier cas , les florins ne valaient que 24 sols , témoin
un manuscrit du temps où après les mots : *quinquagin-*
ta-sex florini parvæ monetæ Avenionensis, on lit en toutes
lettres : *et valet quilibet florinus viginti-quatuor solidos :*
chaque florin vaut 24 sols ; et un peu plus loin : *valens qui-*
libet florinus viginti-quatuor solidos , le florin valant 24
sols. A ce compte , les quatre mille florins équivaudraient
à la somme de quatre mille et quatre-vingts livres. Si, au
contraire , on les prend pour quatre mille florins d'or , le
florin valant huit livres et demie , ils auront une valeur
d'environ trente-cinq mille livres.

Quoi qu'il en soit , il paraît que c'était peu que quatre
mille florins de la part d'un cardinal ; car nous apprenons
de l'histoire de Provence que les cardinaux alors possédaient en florins d'or des fortunes énormes , au point qu'au
décès d'un d'entre eux on lui trouva vingt-cinq sacs tous
remplis de ces pièces.

La tour à peine bâtie , la beauté du site et les agrémens du pays , firent de Barbentane une villégiature de
prédilection pour les princes de l'Église.

Quant à l'ancien château , dont nous allons donner ici

la véritable description, calquée sur l'original et tirée d'un livre intitulé : *Anglici Grimoardis documenta*, trouvé aux archives de Vaucluse, fonds des anciens archevêques, c'était un édifice d'une rare beauté, dans lequel on admirait de superbes portiques, une jolie chapelle et d'immenses bâtisses d'un aspect imposant.

On y lisait ces vers à l'endroit où est *Versus* :

> *Anglicus Anglicam me fecit nomine dictam*
>
> *Ovis basilicæ tunc Avíni funditus almæ*
>
> *Præsul. Milleno trecenteno quoque quino*
>
> *His sexagenum conjungat quilibet annum*
>
> *Oretis dominum, precor, omnes quatenùs ipsum*
>
> *Regni cœlestis societ quod datur honestis.*

Tiré sur l'original même, peint par Siccard de Fraxino, employé de l'évêque.

En voici la traduction :

« Anglic étant constitué prélat des ouailles attachées à » la basilique de la grande Avignon, me fit bâtir et me » donna son nom l'an mil trois cent cinq. » Ajoutez-y le nombre soixante, et vous aurez pour millésime 1365. « Je vous conjure tous de prier le Seigneur qu'il l'as- » socie au royaume céleste réservé aux âmes justes. »

L'architecte du premier corps de bâtisse fut un prêtre nommé Pierre Friconis; un de ses neveux, architecte du restant.

Le cardinal-évêque du nom d'Anglic Grimoard, qui fonda notre tour, avait d'abord été chanoine du monastère de St.-Ruf d'Avignon *extrà muros*; il fut élevé à l'épiscopat par son frère Guillaume Grimoard, le pape Urbain V, le 12 décembre 1362, et fait cardinal le 18 décembre 1366. Ils étaient tous les deux fils de Guillaume de Grimoard, chevalier, seigneur de Grisac et de Lagarde et d'Amphelisse de Montferrand. Celui qui fut élu pape conserva toute sa vie l'habit monastique de l'abbaye de Saint-Victor de Marseille dont il était abbé depuis 1358. Le jour de son anniversaire, on chante à Saint-Victor de Marseille, au lieu d'une messe de morts, une messe du Saint-Esprit, comme s'il avait été canonisé.

« Ne croyez pas, lui écrivait Pétraque, après son élec-
» tion, ne croyez pas qu'aucun des cardinaux ait jamais
» pensé à vous nommer pape : s'ils vous le disent, ils vous
» trompent…. Ne voyez-vous pas que, pleins d'orgueil,
» ils ne pensent qu'à eux-mêmes ; c'est Dieu qui a placé
» votre nom dans le scrutin tout comme dans leurs mains. »

Pour revenir à notre tour, elle porte encore aujourd'hui sur un mur oriental l'inscription suivante, parfaitement conservée :

Avenionensium præsules Anglicus de Grimoardis turrim erexit anno domini MCCCLXV (1365), et au-dessous, sur la même pierre : *Dominicus de Marinis collabentem restituit et castrum à fundamentis adjunxit anno Domini MDCLXV* (1665).

L'évêque d'Avignon, Anglic de Grimoard, éleva cette tour l'an du Seigneur 1365, et Dominique de Marinis (1), un de ses successeurs, la préserva de sa chute en y adossant un château en 1665.

(1) Ce même de Marinis avait présidé, le 4 février 1660, à l'ouverture de la châsse de Sainte Marie-Madelaine, à la Ste. Baume, devant Louis XIV, la reine, son épouse, et le duc d'Anjou.

Une erreur à rectifier dans ladite inscription, c'est le nom de Grimoaldis qu'il s'agit de remplacer par celui de *Grimoardis*, vrai nom du fondateur.

Cette tour a eu la gloire de recevoir la visite du cardinal de Richelieu et du duc de Condé.

Vendue à l'époque de la révolution, comme tous les autres biens dépendans du clergé, elle passa des mains de l'archevêque d'Avignon au pouvoir d'un de nos concitoyens, le nommé Joseph Rey, qui la revendit bientôt pour la modique somme de cinq cents francs d'assignats au général de Puget Barbentane, et c'est de son petit-fils Henri de Puget que l'a acquise, en mai 1852, le marquis de Robin Barbentane. S'il est vrai de dire que ces aliénations ou changemens de maîtres l'ont souvent exposée à être démolie, il l'est aussi d'avancer que le propriétaire qui vient de l'acquérir se propose d'y faire d'immenses réparations.

Elle ressemble aujourd'hui à un de ces monumens du moyen-âge tout criblés de blessures, et continuant à défier la colère des hommes.

A l'extérieur et vers la cime des quatre murailles constituant cette tour, on remarque les armoiries des anciens archevêques gravées en forme de cœur sur des pierres jaunâtres, et, au-dedans, les restes d'antiques cheminées.

Son élévation étant de 80 mètres au-dessus du niveau de la mer, on a de son sommet la plus belle perspective, ce qui l'a rendue célèbre comme point d'observation astronomique. C'est pourquoi nous apprenons qu'en 1760 elle servit d'observatoire au célèbre Cassini pour l'exacte rédaction de sa Carte de France.

La grandeur de cet édifice, son élévation, sa hardiesse et sa légèreté, la régularité de son architecture, l'élégance de sa petite tour supérieure , l'épaisseur de ses murs , ses crénaux , ses ogives , ses machicoulis même , tout frappe et ravit l'observateur , surtout depuis que M. le marquis de Robin Barbentane l'adjoignant , ainsi que les vergers inférieurs , au manoir paternel et l'entourant de nombreuses murailles aux mille et un circuit , l'a si gracieusement encadrée dans une forêt de pins , d'arbustes et de fleurs.

On voit tout près de là les restes d'un ancien puits où l'on jetait , dit-on , les chevaliers paillards.

Il en est fait mention , ainsi que d'une citerne , dans un acte passé le 8 septembre 1366 où le clavaire du lieu , rendant compte aux co-seigneurs des dépenses qu'il a faites , dit qu'il faut prélever ce qu'il a déboursé pour faire curer le puits sis devant la maison de Gaufrid de Barbentane et la citerne existant dans la maison de l'évêque : *puteum antè hospitium Gaufridi de Barbentanâ et cisternam in hospitio domini episcopi;* ajoutant que ce puits et cette citerne furent curés dans un temps où il se menaçait des guerres et pour la sauve-garde du château et des gens qui habitaient le domaine inférieur , pour leur commodité plus que pour l'utilité du seigneur-évêque , qui ne s'y trouvait jamais : *dicentis etiam quòd puteus et cisterna fuerunt curati ob dubium guerrarum pro tuitione et adjunctione dicti castri et potissimè dictorum dominorum qui infrà dominium habitant, pro eorum commodo et utilitate ipsius domini episcopi qui continuè absens est à castro Barbentanœ.*

Il y est même dit qu'en 1360 on dépensa quinze florins, 41 sous et 9 deniers pour le curage desdits puits , pour les cordes , les poulies et seaux : *pro faciendo curare puteum et cisternam dicti castri et pro cordis, taliolis et ferratis quindecim florinos quadraginta unum solidos et novem denarios.*

Il y avait aussi au midi un pont-levis fesant communiquer le château avec la montagne.

On l'y voyait encore avant 1789.

Outre ce grand château, les archevêques d'Avignon possédaient à Barbentane deux collines appelées dans les arrêts LES DEVANTS : *leis dévens dé l'Archévesqué.* Ils en donnèrent successivement quelques portions à défricher et à amphithéose perpétuel ; elles n'étaient alors, comme elles le sont aujourd'hui, que pour la chasse et la dépaissance des troupeaux.

Il conste, d'autre part, que le sixième jour des calendes de juin, de l'an qui nous occupe (1365) l'empereur Charles IV accorda à l'évêque d'Avignon le droit ou privilége de battre monnaie aux châteaux de Barbentane et de Noves : *jus cudendi pecuniam,* nous dit l'original, *in castris Barbentanœ et Novarum.* Il est même dit qu'à cette concession furent présens les trois fils de Charles, roi de France ; Amédée, comte de Savoie ; le duc de Bavière et plusieurs princes et prélats.

La même année 1365, il fut rendu, par le juge de la cour commune des seigneurs de Barbentane, une sentence de condamnation contre certains habitans qui avaient contrevenu aux criées et aux défenses faites dans ledit lieu, à l'instance des seigneurs, de ne point chasser dans l'étendue du territoire.

Trois ans après, des officiers de la communauté ayant encore contrevenu à certains règlemens, la reine Jeanne d'Italie, comtesse de la Pouille, de Capoue, de Forcalquier et du Piémont, accorda des lettres de pardon et de réhabilitation aux charges et honneurs. Nous devons à cette reine d'autres traits de bienfaisance qui honorent sa mémoire.

En 1372 un appel fut interjeté de certaines cires et défenses faites par nos officiers, et, en 1376, il fut fait une nouvelle appellation en la cour commune de Barbentane, *coràm bajulo*, devant le bailli, de certains griefs concernant les exécutions faites à l'instance des seigneurs de Boulbon, comme co-seigneurs de Barbentane, à raison de leurs droits à la juridiction.

Mais voici d'autres détails vraiment dignes d'attention.

Dans le compte des dépenses que fit notre claverie en 1380, on lit ces quelques mots écrits par Rostang de Baux, notaire et clavaire de notre cour commune : *Item ponit se solvisse Arnaudono carnifici de fustigando dominum Guillelmum Sylvet XL s.* (40 sols.)

Il dépose qu'il a payé au bourreau Arnaudono, pour avoir fustigé Guillaume Sylvet, 40 sols ; et vis-à-vis on trouve la figure, propre à faire impression. (*Pl. III.* n° 1.) C'est l'instrument dont se servait le bourreau pour la fustigation. Et comme pour prouver qu'on en fesait usage, on lit un peu plus bas : *Die XXV februarii fuit fustigatus dictus Guillelmus Sylvet de anno prædicto* 1380, — le 25 février de l'an 1380 ledit Guillaume Sylvet a été fustigé.

La même année les nommés François, Grégoire de Torret et Guillaume Bernard, berger, furent exilés des murs et du terroir de Barbentane : *exulati sunt*, nous dit l'original, *à territorio et loco Barbentanæ*.

Un autre genre de supplice, non moins humiliant, était celui du poteau ou des fourches patibulaires.

Dans les comptes dudit Rostang de Baux, clavaire de notre cour commune en 1385, on trouve le détail des frais qu'on fit alors pour les fourches, les courroies, les clous, l'échelle et l'œuvre du bourreau après l'exécution.

Quatre sous deux deniers, pour un anneau de fer fixé dans la prison.

Six sous pour l'élévation des fourches : *pro dictis furchis erigendis;* et vis-à-vis on en voit la figure. (*Pl. III.* n° 2.)

Quinze deniers pour une courroie.

Huit deniers pour une corde.

Quatre sous pour douze gros clous destinés à soutenir les fourches.

Trois sous six deniers pour une grande échelle.

Quatre sous pour le livre de la cour.

Et six sous pour le bourreau Arnaudono.

Pro expensis Rigorti delati de furto duorum rossinorum qui stetit in carceribus quadraginta tribus diebus pro quâdam die unum panem valoris III denariorum.

Il dépose avoir donné pour les dépenses de Rigort, condamné pour vol de deux mulets, étant resté quarante-trois jours en prison et mangeant chaque jour un pain de la valeur de 3 deniers.

Item ponit se solvisse pro saralle et clave berte portæ crotom Bertrando Callate, XII s.

Il dépose qu'il a dépensé pour une serrure et la clé de la porte du cachot à Bertrand Callat, 12 sous.

On lit un peu plus bas : *pro domo ubi tenebantur assisiæ VII s.*, sept sous pour la maison où se tenaient les assises.

Après ce compte détaillé des frais occasionnés par les exécutions, on remarque la hâche et le billot faits pour trancher les têtes. (*Pl. III.* n° 3.)

Fig. N.º 1

Fig. N.º 2

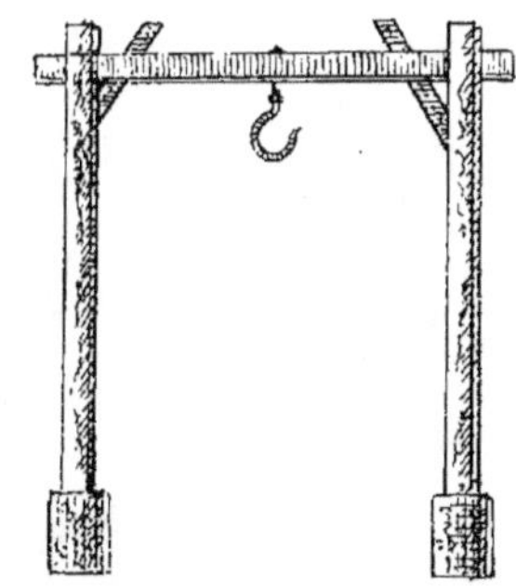

Touet à fustiger.

Fourche patibulaire.

Fig. N.º 3

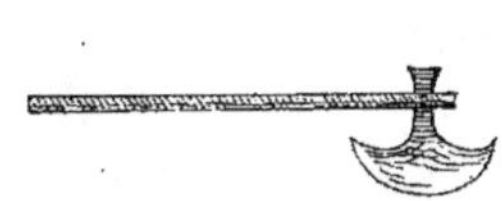

Hache

Billot

On dépensa aussi cette année 12 sous pour payer le charretier qui porta aux fourches les corps des condamnés;

Huit sous pour trois gros clous propres à soutenir les têtes des patiens, et huit autres sous pour soutenir les fourches.

Item pro quadrigâ qui portavit corpora delatorum ad furcas solvisse XII s;

Item Gerando Callate pro tribus magnis clavis ad ponendum capita dictorum delatorum et pro sex magnis clavis ad firmandum furcas, VIII s.

Le 2 avril de l'an 1387, Marie, reine de Jérusalem, comtesse de Provence, accorda par lettres-patentes divers droits seigneuriaux à noble Bertrand de Puget en récompense de ses services, et ces droits furent confirmés en 1472 par l'immortel roi Réné, en faveur de son petit-fils, le sieur Jean de Puget, écuyer.

Il conste qu'en 1389 et 1390, le port de Durance qui avait comme péri fut pleinement rétabli et on fixa l'endroit où il serait placé.

Il se passa cette année, sinon dans le pays même, du moins aux environs, de très-graves événemens.

Raymond, comte de Turenne, vint à la tête de nombreux provençaux ravager nos campagnes. Irrité d'une telle invasion, le Pape défendit de lui donner appui; l'excommunia même ainsi que ses troupes; et le voyant persister dans ses noirs attentats, lui promit, s'il se retirait, 80 mille livres. Le chef des révoltés adhéra à cette proposition; mais apprenant plus tard que la reine Marie en voulait à sa vie, il n'en fut que plus acharné à dévaster Tarascon et les villages voisins. Enfin, après bien des dégâts, le comte de Turenne tombant comme par miracle dans le Rhône, y périt sous les eaux. Il fut, dit-on, retiré du fleuve deux jours après, sous les murs d'Avignon, et fut enterré dans l'église St.-Martial de cette ville, où l'on voit encore son cénotaphe.

Nous observons encore d'autre part que la viguerie de Tarascon avait alors chargé de la défense des bords du Rhône Agout d'Agout. Cependant les consuls de cette dernière ville promettant aux insurgés quinze salmées de blé et quarante écus d'or, les virent disparaître.

La peste vint ensuite affliger nos aïeux. L'histoire qui la dépeint dit qu'on ne vit partout que processions nombreuses auxquelles les hommes assistaient couverts d'un sac de pénitence, et les femmes portant au-dessus de leur tête des croix d'étoffe rouge.

Dans le cours de l'année 1396, la ville d'Avignon se trouvant assiégée par les troupes de Charles VI, la famine obligea ses pauvres habitans d'ouvrir les portes à l'ennemi.

Enfermé dans son palais, avec deux cardinaux et des vivres pour deux ans, le pape Benoît XIII, autrement dit Pierre de Lune, tâcha de résister ; mais se voyant contraint d'évacuer le poste, il s'échappa, dit-on, du côté de Châteaurenard où il se fit raser ; et ses deux cardinaux, conduits en captivité du côté de Tarascon, y eurent, par mépris, la robe qu'ils portaient coupée jusqu'au genou. C'est ainsi que les Français, fatigués du schisme, chassèrent d'Avignon le dernier de ses papes, et depuis lors jusqu'en 1791 les papes ne gouvernèrent Avignon et nos contrées que par des légats.

En 1398, un compromis ayant eu lieu entre le seigneur Imbert de Bastida et plusieurs autres co-seigneurs du lieu de Barbentane, les arbitres décidèrent qu'aucun droit ni jurisdiction n'appartiendraient plus désormais audit Imbert de Bastida, et que la tour de Barbentane que ce dernier possédait, serait immédiatement remise au seigneur-archevêque.

La même année ledit Imbert de Bastida prêta à puissant et très-haut personnage, Georges de Marlhi, sénéchal de Provence et de Forcalquier, serment de fidélité pour tous les revenus des biens que ce dernier lui avait alloués au château de Barbentane, lesquels biens ledit Georges de Marlhi avait reçus du pape Clément VIII en paiement d'une certaine somme.

L'année suivante, 1399, l'évêque d'Avignon prêta au roi Louis serment de fidélité pour les droits qu'il avait au château de Barbentane.

CHAPITRE V.

Quoique assez intéressans et dignes d'être mentionnés , les faits relatés dans ce chapitre n'étant pas d'une très-grande importance , nous nous contenterons d'en donner le résumé , et afin de rompre la monotonie que pourrait causer au lecteur la citation de tant de faits divers , nous y intercalerons quelques courtes anecdotes.

En l'année 1400 un procès s'éleva entre notre commune et certains habitans possédant biens le long du réal pour le faire tirer et curer. Les possesseurs ayant fait opposition , on ouvrit une enquête qui dura près de deux ans. Il conste néanmoins que, le 19 janvier de l'an 1402, il fut rendu une sentence sur le fait du passage du réal, où coulent les eaux de la fontaine, contre Jean Auquerii, opposant; ce qui dut mettre fin au procès mentionné.

L'année précédente, 1401, il avait été porté par le sénéchal de Provence une sentence de ratification par laquelle tant nobles que autres ne seraient plus tenus à aucune contribution à raison des forteresses du château, et le seigneur-archevêque venait d'accorder quittance sur parchemin de tous les dommages qui avaient été faits à son château de Barbentane.

Le 26 avril de l'an 1403, Louis II, roi de Sicile et comte de Provence, écrivit à notre communauté des lettres-patentes portant inhibition et défense à Guillaume Améric, trésorier de la ville d'Aix, de poursuivre les habitans dans la contribution d'un don qui avait été fait au roi.

Nous lisons aussi, dans un manuscrit daté de 1404, que ledit Louis, roi de Sicile, avait fait acquisition du château de Barbentane. Il ne paraît pourtant pas qu'il en ait joui long-temps ; car, il est mentionné d'autre part qu'il délivra cette année à l'évêque d'Avignon des lettres-patentes lui remettant tous les biens qu'il possédait audit lieu.

Nous trouvons dans un autre manuscrit que, le 20 septembre de l'an 1405, on procéda à la procuration des ouvriers ou marguilliers de l'église de Barbentane.

Guillaume Raymond, Audibert et Jean Chabert, furent nommés à cet effet et approuvés par Rostang de Codolet, prieur de l'église de Notre-Dame-des-Doms ; il y est même dit qu'on leur fit jurer sur les Saints-Évangiles d'être fidèles à leurs promesses, ce qui prouve l'importance qu'on donnait à cette charge.

L'année suivante, 1406, les habitans de Barbentane firent un appel au sujet de certaines impositions de trois deniers par livre de marchandises., opposant des priviléges de la communauté portés par l'accord fait entre l'évêque d'Avignon et le comte de Provence.

D'après un autre parchemin, nos seigneurs de Barbentane élurent cette même année un juge de la cour commune.

Le 4 avril de l'an 1411, il fut fait aux officiers de notre communauté renonciation des fours et moulins, notaire Jean de Bordis.

Le prix fait de la porte du Séquier ayant été donné le 25 avril de ladite année 1411, on procéda tout de suite à sa construction, en preuve l'acte passé devant M^e. Urbain, notaire à Avignon.

Le 2 février de l'année suivante 1412, le sénéchal de Provence manda à notre communauté des lettres-patentes confirmant ses priviléges sur l'olme d'ampal, et, le 3 avril, il fut rendu un édit portant que la coutume serait maintenue de créer les consuls sur la place publique.

Nous trouvons encore à la date du 28 avril 1413, un instrument ou acte de l'exaction de la taille, et nos seigneurs de Barbentane firent, cette même année, nomination d'un viguier ou capitaine de la ville.

Le 12 octobre de la même année, il y eut entre nos consuls et les trésoriers des années précédentes, un compromis ou acte par lequel ils soumettaient au jugement de deux arbitres la décision de leur querelle, et, le 23 dudit mois, il fut dressé sur parchemin la ratification d'un voyage fait à la cour par un de nos consuls à l'occasion de certains démêlés survenus un peu avant entre quelques habitans, notaire Urbain André.

Le 6 septembre 1414 on dressa sur un grand parchemin, long d'environ vingt mètres, le règlement des officiers et des consuls de notre communauté, suivant les lettres-patentes du roi ; c'est une des plus curieuses pièces renfermées dans nos archives.

Deux ans après il fut dressé une imposition d'un dizain, pour dix années, sur les fruits de la terre, par acte passé le 8 mars 1416.

Le 10 octobre de la même année, le lieutenant des rois de Provence fit une concession du droit de franchise sur le port de Durance en faveur des Barbentanais, et, enfin, le 22 novembre il fut fait assignation à quelques personnes de Barbentane, sous peine d'excommunication ; sanction vraiment digne de remarque.

Le 11 avril 1417, le prince écrivit aux consuls de notre communauté des lettres-patentes accordant permission de créer les consuls le jour de la Saint-Jean-Baptiste, et l'on fit cette même année un achat considérable de draps, vaches et autres marchandises au profit de la commune.

A la date de l'an 1419 se trouve un acte écrit sur parchemin, concernant la nomination d'un juge de la cour commune du lieu de Barbentane faite par nos seigneurs.

En 1421 l'évêque d'Avignon délivra de tous ses créanciers le château de Barbentane, recevant à cet effet quatre mille florins d'or.

L'hiver de cette année fut extrêmement doux.

L'année suivante, 1422, la reine Jolande, comtesse de Provence, s'étant constituée sauve-garde pour les habitans contre les seigneurs, écrivit à notre communauté des lettres-patentes portant délai de trois ans pour le paiement des dettes qu'elle avait contractées.

Le 16 mai 1423, Jacques de Roquemaure reçut une procuration au sujet des réparations qu'il s'était chargé de faire sur les bords de nos rivières, en faveur de Barbentane, et, à cet effet, en 1425, il donna quittance à notre communauté de deux cent vingt-trois florins.

Nos officiers ou commissaires spéciaux ayant fait, un an avant, réformation de l'affouagement, on le réduisit à vingt feux de quarante qu'il était ; notaire Martini.

Nous trouvons un acte, écrit sur parchemin, à la date de l'an 1426, attestant le déguerpissement des fours et moulins, avec les réquisitions et protestations du clavaire du seigneur-archevêque.

Nous en trouvons un second, daté du 6 juillet 1427, par lequel l'évêque d'Avignon accorde aux habitans de notre communauté le droit de franchise à perpétuité pour le passage du port de Durance et quelques autres priviléges.

Deux ans après, 1429, il fut fait cession par divers particuliers à notre communauté de 580 florins ; en 1435 des lettres furent impétrées contre quelques habitans qui avaient exigé de leurs frères certaines impositions sans la permission de la communauté ; et, en 1440, il fut fait reconnaissance de la moitié de la seigneurie du lieu de Barbentane en faveur de l'évêque, ce qui prouve que ce dernier jouissait à cette époque de la moitié des droits à la jurisdiction.

Une pièce curieuse, à la date de l'an 1442, est le testament d'un de nos compatriotes, nommé Bertrand Moler, dans lequel il lègue aux pauvres de Barbentane une partie de ses biens, et où l'on voit avec plaisir l'antiquité d'une belle croix érigée sur le cours.

L'an 1449 un tournoi ayant eu lieu à Tarascon en présence du roi Réné, de Jeanne de Laval, son épouse, et de toute sa cour, la noblesse du voisinage y fut invitée; c'est pourquoi nous lisons dans un manuscrit de ce temps que nos principaux seigneurs s'empressèrent d'y aller. Impossible de trouver dans les annales chevaleresques, dit l'historien Papon, plus brillante réunion. Ce ne fut pendant plusieurs jours que fêtes et transports dans la ville de la Tarasque. On ne rencontrait sur ses pas que beaux chevaliers, grandes dames, écuyers, pages et varlets.

Jusques alors au lieu d'épingles et d'aiguilles, les femmes du peuple se servaient d'épines, de fers pointus ou de brochettes de bois, et les dames, d'os ou de morceaux d'ivoire artistement taillés.

L'anecdote suivante va nous faire comprendre quel était notre jargon ou patois provençal en 1450. C'est un nommé Gabriel Raymond, de Berre, qui expose, par-devant la cour royale de Tarascon que la servante de la maison où il couchait était venue l'appeler en ces termes : « Sen Gabriel, vendrés vou couchar, car nostres géns vous esperoun ; » et qu'il répondit : « yeu veni. » Arrivé à la maison, il dit à la maîtresse : « voulez-vous veser de beaux joyaux ? » celle-ci répondit : « qu'aux joyaux sont ; son rubis, per ma fé, ben soun bels, de tous quant que soun aissin non volria mas aquest et quant valoun ben ? » ils valaient dix écus. Le possesseur des anneaux va se coucher.

Le lendemain à son lever il dit à quelqu'un : « yeu vous
voly baillard de beaux joyaux que yeu aï en garde ; maï,
ma commayre los mi deu aver pres à qui ont yeu ay
dormit aquesta nuech. — Ont aves vous dormit à nuech ?
— à quo de messire Jaume ; — tenés compte del blat que
s'y mesuro, et yeu vous van querre. » Arrivé à la maison,
il dit : « commayre, Dieu vous donne mal matin, car mal
matin m'aves donnat ! et de que commayre ? vous me deves
aver pres mes rubis ; — non ay point, segurament ou vous
o moun sen Nicolas los dever aver pres. » Tiré des archives de M^e. Dastros, notaire à Aix.

Il est mentionné qu'en l'année 1458, il fut dressé, sur
parchemin, une maintenue en la possession de dépaître au
terroir de l'Olme d'Ampal, autrement dit Barban ; et
l'autorité ayant fait cette même année visitation d'une
pierre près Baumes-Basses, que les habitans de Graveson
prétendaient être un terme, on consigna dans nos écrits
vérification du contraire.

Un nouveau manuscrit, de 1459, nous montre en quel
état se trouvait à cette époque le moulin de Saint-Jean,
qu'on désignait alors sous le nom de *Moulin vieil*, et
qu'affermait encore le seigneur-archevêque.

Il paraît qu'on affermait aussi le droit de vendre du vin
ainsi que de la viande, car nous trouvons un bail du
soquet du vin et un autre de la boucherie à la date de l'an
1465.

Il appert, d'autre part, qu'en 1466 notre communauté fit
achat de deux salmées de terre au quartier de Carrières, jurisdiction de l'Olme d'Ampal, dont deux éminées

fesaient trois deniers de cense à la charité de Barbentane, le reste étant , pour parler comme alors , en franc-alleu.

Deux ans après , il y eut entre la commune de Barbentane et M. de Sade , un procès éclatant à l'issue duquel on enregistra les priviléges de notre ville au sujet des pâturages qu'elle avait sur l'Olme d'Ampal.

Apparemment que cet Olme d'Ampal , tout comme l'île Barban , était alors fort peuplé ; car, dans les jugemens rendus par le parlement d'Aix , ainsi que dans nos registres , nous les trouvons souvent cités comme communauté ; il y est même dit que leur recensement est de trois feux et tiers. Probablement aussi c'était un endroit favorable aux troupeaux , puisque , en 1475, un procès s'éleva entre notre communauté et les habitans desdits lieux au sujet des pâturages.

Des lettres royales , à la date de l'an 1484 , remettant aux mains de l'archevêque d'Avignon le château de Barbentane, nous prouvent que le roi y avait encore droit depuis l'expulsion du pape.

La même année le seigneur-archevêque délivra un mandat de procuration pour la présentation de trois chevaliers armés qu'il était tenu de fournir au sénéchal de Provence , à l'effet de défendre le lieu de Barbentane.

Deux ans plus tard , le sénéchal de Nîmes écrivit aux consuls de notre communauté des lettres-patentes portant restitution des biens temporels de l'évêque d'Avignon , saisis au profit du roi , à l'occasion des îles Roquier et Mas-Liven, avec obligation de rendre avant trois mois les fruits perçus depuis cette saisie.

On rendit , de plus , à l'évêque d'Avignon les revenus du

port de Durance, que des commis royaux percevaient dé-
puis quelque temps.

A l'entrée de l'église de Saint-Agricol d'Avignon, et sur
le mur à gauche, on trouve écrit, en caractères gothi-
ques, une épitaphe ou légende latine qui honore Barbentane.

La voici telle qu'elle est, suivie de la traduction.

*Acerrimus in legibus humanis dominus Joseph Chaberti
de Barbentanâ tumulo in hoc situs est quem testamento
sibi construi mandavit quemadmodum juvenem præ nimio
labore studiorum immatura mors rapuit, anno salutis
MCCCCLXXXIII die XIII septembris (1483.)*

« Un personnage très-versé dans l'étude des lois, le sieur
» Joseph Chabert de Barbentane, a été mis dans cette
» tombe que, par disposition testamentaire, il se fit éri-
» ger.

» Se livrant dans sa jeunesse avec trop d'ardeur à l'étude
» des sciences, une mort prématurée le ravit à ses pro-
» ches le 13 septembre 1483. »

Le Rhône et la Durance ayant fait diverses irruptions sur
le terroir de Barbentane, et particulièrement, en 1495,
près de l'île Barban, la commune de Barbentane se vit
comme forcée d'inféoder deux îles des maîtres rationnaux,
l'une, appelée Motton, et l'autre de la Peyre, sous la cense
de dix livres par an, payables à Sa Majesté, sans y exprimer les contenances ni les confronts, ce que l'auteur de la
note a prétendu avoir été fait par oubli involontaire.

De même, en 1531, le fleuve du Rhône ayant fait une
une nouvelle irruption dans la partie inférieure par-devers
les terres des pères Chartreux, notre communauté inféoda
de nouveau des maîtres rationnaux trois îles divisées en

trois parties : l'une, appelée Mas-Liven ; la seconde, Ro-quier ; et la dernière qui avait toujours conservé le nom de Motton, sans exprimer encore, comme on aurait dû le faire, les contenances ni les confronts, ce qu'on peut prouver par les désinféodations.

A la vérité, toutes cés îles furent vendues aux enchères publiques en mai 1793, à l'exception de quelques parcelles qui furent remises par le juge seigneurial et les consuls de notre communauté à divers particuliers, moyennant la rente annuelle de six livres par salmée.

Le Rhône, après avoir long-temps coulé le long de nos collines, dites du Mas-Liven, changea son lit du côté du Languedoc et laissa à la longue une vaste étendue de ter-res ; la communauté s'en étant bientôt saisie, les livra aux particuliers qui s'empressèrent de les planter, ce qui leur fit donner le nom *Des Esplantades* qu'elles portent au-jourd'hui. Elles fesaient autrefois, à l'évêque d'Avignon, la faible cence d'une cossée de blé par éminée.

En l'année 1503, il fut signifié ordre à notre communauté d'envoyer douze hommes destinés à servir sur la flotte du bâtard de Savoie.

En outre, il conste qu'en l'année 1515 le pape Léon X accorda à noble Jean de Puget le privilége insigne d'un autel portatif, joint à la faculté de faire célébrer partout où il voudrait.

Ne fût-ce que pour faire connaître le langage du temps, voici ce que nous dit un de nos historiens :

« L'an 1520 et del mes de décembre, mossor lo grand mestre de Fransa, dit René, bastard de Savoie, venguet

en Aix os tres estats et presentet son fils appelat Glaudé
et fou assetad sénéchal de Prouvenço al plus vivent. Lo fils
podié aver de 13 à 14 ans , sovendra ben al pays de Pro-
venço de sa vengudo , car so que solian pagar 15 fiorins
per fuoch , fou à 28 , quasi lo doble et fou , Diou mercy, à
mossur de Soliers et plusors altros losquals an la bona
gracia et non lur costo ren de lur, car aquellos tals vou-
gueroun far un don al nouvel sénéchal de 6000 écus de
solelh , et tojors laze porto lo bast. »

La même année la commune de Barbentane reçut confir-
mation du droit de franchise sur le port de Durance , et
l'évêque d'Avignon accorda à nos pères une levée de cense
sur tous ses revenus.

L'hiver fut si doux et si plein de pluie en 1530 , nous dit
un historien , qu'aux environs de la Noël on trouva sur
quelques arbres des pommes et des griottes ; les amandiers
furent si avancés , qu'un fournier nommé Maralin Fantoni ,
montra vers la mi-janvier des amandons aussi gros que
le pouce ; les blés et les plantes légumineuses avaient tellement crû qu'on en était ravi.

Peu de temps après , nos officiers de justice se montrant
trop indulgens à l'égard des séditieux et des fermiers de
l'évêque , on s'en était enhardi pour commettre bien des
fautes , au point que dans une échauffourée un nommé
Veray de Barbentane reçut à l'épaule gauche un coup
d'arquebusade qui le tint long-temps au lit. On s'em-
pressa à l'instant d'arrêter le coupable ; mais ses par-
tisans outrés le suivirent au château , et arrachant en aveu-

gles jusques aux barres de fer qui clôturaient la prison, délivrèrent leur confrère.

Informé d'un tel désordre, l'évêque d'Avignon fit publier sur la place et dans tous les carrefours des règlemens fort sévères.

CHAPITRE VI.

Nous avons déjà dit qu'il existait anciennement au bas
de Barbentane une paroisse au vocable de St.-Étienne.
Les murs de cette église menaçant de crouler, on jugea
convenable d'élever sur ses ruines un pieux monastère où
vinrent s'établir des Pères Observantins de l'ordre de Saint-
François. Des manuscrits, datés de 1680, font mention de
ces pères comme ayant reçu en don de notre communauté
quelques tonneaux de vin. On trouve encore gravé sur la
porte d'entrée le mot relatif à l'ordre : OBSERVANCE, et au-

dessous, le millésime suivant, nous précisant l'époque de sa restauration, MDCCXXXI (1731.)

Les derniers pères qui l'habitaient, vivaient, nous disent nos aïeux, du produit de leurs quêtes, des messes qu'on leur payait et de la rétribution mensuelle des élèves ; car, outre qu'on y disait la messe et qu'on y confessait, on y enseignait les sciences.

Ayant visité ce couvent avec la plus scrupuleuse attention et le respect qu'il mérite et ne voulant rien omettre de ce que l'antiquité nous offre de remarquable, nous allons décrire ici le tableau de son enceinte. Son église, assez vaste et assez élégante, flatte l'observateur ; la voûte du sanctuaire, à la forme arrondie, est soutenue sur le devant par un triple arceau plat, d'une forte épaisseur, et, dans le fond, par six autres, dont deux la traversent du nord au midi, et les quatre restants, partant en pointe de l'arceau de devant, viennent comme de larges rubans reposer tout autour sur de beaux chapiteaux.

Il y a au nord deux jolies chapelles soutenues aussi par de petits arceaux, et, dans le fond, l'ancienne sacristie.

La grande porte d'entrée, construite à points de saillie, mérite quelque attention.

Le cloître est remarquable par la beauté de sa voûte et la régularité de ses ouvertures donnant toutes sur une cour intérieure.

On y admire deux grands escaliers dont un, au bout du premier corridor, a la forme d'un fer-à-cheval, et l'autre, tournant, s'élève jusqu'au toit.

Il y a au premier étage de longs corridors, et sur les côtés, quelques vastes chambres.

À l'est de ce couvent on remarque l'emplacement de l'ancien cimetière, lequel fut transféré, vers le milieu du dix-septième siècle, à la porte du Séquier.

Il y avait encore aux faubourgs une chapelle de Pénitens-Blancs, fort bien ornée, avec bel autel de marbre.

On comptait aussi à Barbentane, avant la révolution de 1789, un ermitage dédié à Saint-André de Bagalance, et dépendant du prieuré de ce nom; il est, comme on sait, situé au pied d'une colline sur la limite des terroirs de Barbentane et de Graveson.

L'ermite était nommé par le prieur et vivait du produit des quêtes qu'il allait faire chaque année dans les pays voisins au son d'une clochette.

Quoique les terres adjacentes dépendent de Graveson, la chapelle et l'ermitage ont toujours fait partie de notre territoire.

Nos Pénitens-Blancs de Barbentane se rendaient, tous les ans, dans son humble chapelle, le trois du mois de mai.

Il existait à Barbentane, avant la fondation de notre hospice, une maison de secours, désignée vulgairement par le nom de *Charité*. Elle jouissait de quelques censes ou pensions provenant de certains biens, entr'autres, d'une terre sise à Galline-grasse, qui en porte le nom.

L'hôpital fut fondé, par lettres-patentes du roi, sous l'invocation de l'ange Raphaël, vers le milieu du seizième siècle, et confirmé, ainsi que ses priviléges, par un décret royal daté du mois de mars 1766. Il fut de plus créé, le 3 mars 1747, par Jean Dame, une messe à célébrer dans sa chapelle, chaque dimanche et chaque jour de fête, ce qu'on a vu se pratiquer jusqu'à la première révolution.

Les plus anciens registres des délibérations tenues dans notre hospice remontent à l'année 1567.

Malgré les remboursemens de plusieurs capitaux qu'on lui fit en assignats, durant la révolution, lesquels perdant leur valeur, ne l'aidèrent en rien, mais lui causèrent un préjudice notable, nous ne craignons pas d'affirmer que notre hospice est assez convenablement fourni et assez bien pourvu, puisqu'il jouit aujourd'hui d'un revenu annuel de trois mille et cinq cents francs.

Il était dirigé, avant la révolution, par les trois consuls sortant de charge, conjointement avec le curé qui en était le Recteur né.

La position de l'établissement est agréable : les malades y ont toujours été parfaitement soignés. Mais nous nous plaisons à constater aujourd'hui qu'ils le sont plus spécialement depuis que des religieuses du monastère des Vans, de l'ordre de St.-Joseph, en ont la direction.

Il y avait encore dans l'étendue de notre territoire deux chapellanies dont une au Mas-Liven, de l'étymologie vulgaire : *le mal y vint*, parce qu'en un temps de peste le mal s'arrêta là ; et l'autre, au mas de Massaudy, où se disait la messe tous les dimanches et toutes les fêtes de l'année, à l'exception des quatre fêtes commandées.

Nous apprenons de l'avocat Decormis, par un avertissement imprimé la même année, qu'en 1537, la cour royale d'Aix rendit un arrêt portant la réunion des trois bateaux ou bacs fondés sur la Durance, dont un près de Châteaurenard, dit pont de Médian ; le second, près de Rognonas ; et le troisième au terroir de Barbentane, près de l'île Barban ; ajoutant que ce triple et unique port regarderait également Jean de Vèse, alors seigneur et baron de Château-

renard , Jean de Cabassolle du Réal , et plusieurs autres co-
seigneurs tant de Châteaurenard que de Barbentane et de
Rognonas , *et alios condominos de Barbentanâ et respectivè
condominos jus-habentes super portu fluminis Druentiœ
Castri Reynardi ac Rognassii et Barbentanœ ;* ce qui
prouve évidemment que le seigneur de Châteaurenard , les
co-seigneurs de Barbentane et les propriétaires de Rognonas , avaient le même droit sur le port ou bateau qui portait les trois noms , ayant chacun un tiers des revenus dudit port.

Nous croyons ici à-propos d'aviser le lecteur que la col-
lection des registres de l'état-civil n'a commencé qu'en
l'année 1541.

Il conste , d'autre part , que la commune de Barbentane
ne prit investiture des moulins qu'en l'année 1546.

Le 19 mai 1550, il fut passé , par la communauté de
Barbentane en faveur de l'archevêque d'Avignon , une reconnaissance de tous les biens soumis au pouvoir du prélat , à la concine d'une cense payable tous les ans aux fêtes
de la Noël.

L'an d'après , nos co-seigneurs eux-mêmes allèrent
rendre hommage au cardinal-évêque Alexandre Farnèse.

Voici quelles étaient alors , suivant les propres termes
d'une délibération rendue au mois de juin 1553 , les charges des officiers de la république du lieu de Barbentane.

Après une messe du Saint-Esprit et l'appel de tous les
électeurs , on commençait par nommer à la pluralité de la
ballotte , les trois consuls à venir et les cinq conseillers qui
devaient l'assister; on nommait ensuite deux *ausidours* ou
auditeurs de comptes , trois estimateurs , deux ouvriers,
trois recteurs de l'hospice , deux camériers et gardes de

drayes, quatre gardes pâtys, un viguier ou capitaine de la ville, un abbat, un lieutenant, un gouverneur du cierge pascal ou des *lampies*, un bassyer des armes, trois bastonniers pour les processions, un *visitadour* de la *fond* ou garde de la fontaine, deux *visitadours* ou surveillans de la chair, du poisson et autres victuailles, deux reliateurs ou vérificateurs des poids et mesures, deux gardes des tenades et roubines.

Le maître d'école, le garde vignes, garde terres, horlogier et *campanier* ou sonneur étaient à la disposition de MM. les Consuls. *Voyez* au chapitre seizième de plus amples détails.

L'année suivante, 1554, il fut fait à Barbentane création d'un clavaire, d'un baille et d'un capitaine, auxquels on fit prêter serment ainsi qu'à un garde-champêtre qui s'obligea, sous la peine du fouet, de garder fidèlement les terres confiées à ses soins.

En même temps nos divers co-seigneurs firent sommation aux consuls de ne plus s'assembler sans l'assistance et le consentement des autres officiers.

Le port de Durance qui, comme nous venons de voir, en réunissait trois, s'afferma cette année 58 écus et 10 sous monnaie de France.

Il conste, comme nous avons dit, que nos co-seigneurs de Barbentane avaient eu avec l'évêque d'Avignon différens démêlés sur leurs droits respectifs, lesquels, comme nous allons voir, furent ensuite terminés par deux arrêts du grand conseil, du 20 janvier et du 6 avril 1556.

Le procès était pendant entre Jean de Cabassolle du Réal, Étienne de Robin et Jean Mathéron, co-seigneurs de Barbentane, demandeurs, et le cardinal Alexandre Farnèse, évêque d'Avignon, défendeur.

En vertu des susdits arrêts, la justice s'exerçait en commun au nom du seigneur-archevêque et des co-seigneurs.

Les demandeurs furent maintenus dans la possession des quatre parts dont les dix fesaient le tout de la jurisdiction, appartenance et dépendance. Le titre seul de l'arrêt, renfermant lesdites clauses, nous l'explique clairement; le voici tel qu'on le trouve aux archives de l'évêque : *Arrestum manutenens condominos Barbentanœ in possessione quatuor partium omnium jurium dicti loci, salvis archiepiscopo sex aliis partibus, prolatum de anno 1552.* Arrêt rendu en 1552 maintenant les co-seigneurs de Barbentane en possession des quatre parts de tous les droits audit lieu, sauf les six autres réservés à l'archevêque.

En conséquence, l'archevêque en avait six sur dix, nommait les officiers de justice pour trois ans consécutifs, et les co-seigneurs pour deux ans ; c'était huit mois pour chacun ; mais le sieur Paul-François Puget de Cabassolle ayant réuni à la portion de Cabassolle celle de Mathéron et même celle de Mondragon, il nomma les officiers de justice pour seize mois, et le sire de Robin n'eut droit de les nommer que pour huit mois seulement.

Les autres droits aussi bien que les charges dépendantes de la jurisdiction, étaient partagées entre l'archevêque et les co-seigneurs de cette façon et dans la même proportion.

Il est encore ordonné dans l'arrêt du 6 avril 1556, que les encans, criées publiques, proclamations et toutes les autres fonctions attenantes à la seigneurie seront faits au nom commun de l'archevêque et des co-seigneurs, que le greffe sera donné à ferme et que ses émolumens seront partagés chaque année entre l'archevêque et lesdits co-seigneurs ; qu'il sera bâti un édifice, à commun frais, pour exercer la justice, et qu'en attendant elle l'exercera au château de l'évêque, lequel aura la préséance sur les autres co-seigneurs ; que ceux-ci lui prêteront hommage à chaque mutation, et que l'archevêque, de son côté, adjugera à chacun la part des fruits qu'il aura perçus, réglera les baux à ferme, *etc.*, *etc.*

Entre autres droits spécifiés dans l'arrêt du 6 avril 1556, on observe celui de l'or de pailloles de rivière, des rivages du Rhône et de la Durance, qui étaient au-dedans de la jurisdiction, ce qui peut faire croire qu'on était alors plus attentif qu'on ne l'est aujourd'hui à ramasser ces pailloles.

On trouve encore aux archives du château de M. de Puget un arrêt du grand conseil tenu, le 8 janvier 1557, entre nos co-seigneurs et les consuls de Barbentane, condamnant ces derniers à prêter serment de fidélité en général comme en particulier, tant à monseigneur l'évêque qu'aux co-seigneurs, entre les mains de celui qu'il sera entre eux convenu, et faute de s'en accorder, le serment sera prêté entre les mains de celui qui sera en jurisdiction à la mutation de l'évêque. Cet arrêt condamne en outre les consuls et la communauté à déclarer au plus tôt les biens féodaux et rôturiers tenus des mains de l'archevêque et des co-seigneurs, et à payer les droits de fiefs, lods et vente selon l'usage, pour être entr'eux distribués. Indépendamment de tous ces avantages, les nobles avaient aussi à Barbentane des maisons seigneuriales et des directes particulières.

Quant aux terres prétendues franches, il est dit expressément dans l'arrêt du 6 avril, que les habitans ne seront point tenus d'en passer reconnaissance, ni d'en payer les droits , pourvu qu'ils prouvent par bons titres , déclarent et spécifient clairement qu'elles sont franches en allaud.

On trouve encore au château de M. de Puget , à la date de l'an 1557, des lettres-patentes du roi Henri de France , confirmées ensuite par François Ier., portant don de 6000 livres en faveur d'Antoine de Cabassolle , en considération de ses services.

Le 20 janvier 1559 , il fut obteuu , par le syndic des manaux et autres habitans du lieu de Barbentane , un acte d'approbation au grand conseil contre madame la duchesse de Valentinois , comtesse d'Aramon , qui prétendait que les îles du Motton , Malivent et Roquier étaient de son terroir , soutenant que le nom de Malyvent lui venait du latin *malè evenit* , lui vient mal ou ne lui vient pas de droit ; au lieu de l'entendre comme nous l'avons énoncé et comme la tradition nous le confirme encore , d'un temps de peste où le mal ne venant que là , on l'appela de ce nom : *Mal y vint*.

L'année suivante , 1560 , on renouvela à Barbentane les officiers de la communauté , tels que baille , lieutenant de baille , procureur jurisdictionnel , clavaire , *etc.* , *etc.* , et on leur fit prêter serment ainsi qu'aux banniers du pays.

Trois ans après , nos co-seigneurs rendirent à l'évêque d'Avignon hommage de leurs biens avec serment solennel de la plus stricte fidélité. Les autres habitans agirent de même à l'égard de leurs co-seigneurs.

En même temps Avignon se trouvant serré de près par les Huguenots , et la famine s'y fesant déjà sentir , les nautoniers descendirent le Rhône jusqu'au bout de Courtine et parvinrent , par d'habiles manœuvres , à remonter la Durance jusqu'à Cavaillon , où ils prirent un convoi de vivres qu'ils introduisirent heureusement dans les murs d'Avignon.

En 1567, notre commissaire nommé Raoulx, proclama une ordonnance tendant à mettre à exécution l'arrêt du grand conseil concernant les hommages.

Au mois de mars de l'an 1569, le vent du nord souffla avec tant de violence, qu'il abattit grand nombre de cheminées et même de maisons, arracha plusieurs arbres et opéra quantité de prodiges.

Dieque fuit 23 martii anno 1569, viguit tam eximius, tamque vehemens ventus ut suo horrendo flatu multas divertit domos, caminos straverit, arbores evellerit et multa alia non audita facinora perpetravit. Signé Honoré Henry, alors secrétaire de la mairie de la ville d'Avignon.

Par lettres-patentes du mois de mars 1582, le roi Henri III établit dans notre commune deux foires devant se tenir tous les ans : l'une le 24 juin, jour et fête de Saint-Jean ; et l'autre, le 18 octobre, jour et fête de Saint-Luc, ainsi qu'un marché le mardi de chaque semaine.

Il est pourtant vrai de dire que la proximité des grandes villes, la négligence de nos pères et plus que tout, peut-être, le malheur des temps, occasionnant leur décadence, elles tombèrent peu-à-peu et disparurent même au grand regret de nos compatriotes. Néanmoins, fiers de leurs titres et ne voulant point laisser perdre d'aussi belles institutions, nos contemporains ont résolu naguères leur rétablissement : c'est pourquoi nous les voyons depuis quelque temps redoubler d'efforts pour les renouveler.

Les fêtes et les réjouissances publiques qui ont eu lieu chaque année à l'occasion de ces foires, le concours des étrangers qui ont applaudi à leur renaissance, l'étalage attrayant de nombreuses marchandises, et le zèle empressé que mettent les habitans à en seconder la vente, tout nous donne pour elles des gages de succès et nous fait espérer qu'elles reprendront bientôt leur antique splendeur.

Il conste, d'autre part, qu'à peine ces deux foires furent-elles créées, il y eut procès entre notre communauté et capitaine Jean de la ville de Pujaux, au sujet de 70 écus que ce dernier réclamait pour avoir procuré au pays ces foires et marchés.

Le 24 avril de la susdite année 1582, le roi Henri III écrivit encore à notre communauté des lettres-patentes portant évocation au conseil et à la cour des comptes, d'un procès qu'avaient intenté nos consuls aux héritiers de Jean Borred.

Enfin, nous trouvons aux archives des évêques d'Avignon, consignées à la préfecture, un procès-verbal, daté du 20 juillet 1585, par lequel M. de Cabassolle, M. de Robin et M. de Mathéron sont déclarés seigneurs de la place, terre et jurisdiction du lieu de Barbentane.

Mais, nous direz-vous peut-être, tant de citations nous lassent ; reprenez vos descriptions.

Rien de plus convenable, ni de plus urgent pour nous que de vous satisfaire.

Au centre de Barbentane est une petite place où l'on peut chaque jour trouver les provisions nécessaires au ménage ; on y vend des légumes, des fruits et même du poisson.

On voit sur cette place, vis-à-vis de l'église, une petite

halle contiguë à l'Hôtel-de-Ville, avec terrasse au-dessus soutenue par deux piliers. Quoique courte et fort peu spacieuse, elle est bien suffisante pour mettre nos marchandes à l'abri de la pluie et d'autres mauvais temps.

On remarque encore à côté de l'église un puits d'une rare profondeur, qu'on nomme puits de place.

Oh ! lecteur, combien nous regrettons de ne pouvoir ici vous préciser l'époque de sa fondation : assurément il en vaudrait la peine. Ce qui pourtant nous prouve qu'il remonte assez haut, c'est qu'il en est parlé dans un vieux manuscrit de 1370, ainsi que dans l'acte de la consécration de notre église paroissiale, dressé le 22 novembre 1407. Quoi qu'il en soit, c'est un ouvrage d'autant plus précieux qu'il a déjà rendu et peut encore rendre d'incroyables services. Creusé en entier dans le roc, il a trente-six mètres de profondeur de son sommet à la surface de l'eau, qui ne varie point, et six mètres environ de la surface au fond, qui est en pierre dure, de l'avis des personnes soutenant que sa source, pénétrant par une fente du côté de la montagne, en entretient les eaux ; et en gravier de Durance, si on s'en tient à celles qui pensent que les eaux en sont alimentées par des infiltrations de ladite rivière.

Un autre puits, appelé de Mathéron, et aussi taillé dans la pierre, est placé à un niveau de dix mètres plus bas que celui de la place ; on compte trente mètres de son orifice ou bord à la surface de l'eau, et douze mètres environ de sa surface au fond.

Un troisième puits, non moins curieux, et comme les premiers tout creusé dans la pierre, est celui de Claude Daudet, dit de la Mouysse, au-dessus du puits de place ; on y compte, au rapport du propriétaire, trente-sept mètres de son orifice ou bord à la surface de l'eau, et environ cinq mètres de la surface au fond.

Une tour, qui fait partie des anciens remparts et qui domine l'entrée occidentale de la bourgade, sert de prison. On peut dire que de tous les quartiers la bourgade est le plus riant. Elle consiste en une grande rue formée d'un côté par de belles maisons, et, de l'autre, par une espèce de terrasse que soutiennent nos remparts. On remarque au-dessous un cours spacieux où, sous une allée d'arbres, on peut, en été, respirer la fraîcheur et jouir à loisir de belles promenades.

La ville, proprement dite, a deux portes, l'une au nord, donnant sur la bourgade, appelée Porte Calendrale, et l'autre, au midi, nommée Porte du Séquier. Ces portes étaient autrefois fermées par des sarrasines ou grillages de fer qui, comme nous verrons, furent vendues aux enchères publiques, le 13 avril 1724, et délivrées au sieur Charles Marillers, maréchal à forge de la ville de Tarascon, à raison de treize livres le quintal.

Les rues de Barbentane vont en montant vers le sud, elles sont régulières et assez bien pavées, mais étroites ; quatorze reverbères, placés tout récemment aux divers carrefours, nous donnent aux nuits sombres une agréable clarté.

Trois rues latérales descendent vers la plaine : celle des Rocassons, celle des Moulins et celle des Pénitens, laquelle conduit au superbe château de M. de Puget. C'est un vaste édifice d'une rare beauté ; le prix-fait en fut donné, vers la fin du dix-septième siècle par M. de Barbentane Cabassolle, à Noël, Étienne Joubert, Anthoine Puget, et Valentin Magnac.

Entouré d'un superbe perron avec balustrade et orné sur le devant d'un élégant portique soutenant un grand balcon, ce palais somptueux, de style moderne, est bâti sur un plateau d'où la vue s'étend sur notre vaste plaine que viennent traverser le Rhône et la Durance.

Les appartemens intérieurs, de la plus grande magnificence, y sont on ne peut mieux distribués; ceux du nord, au rez-de-chaussée, sont tous pavés en marbre, et la forme du dallage comme celle des voûtes, d'espèce différente. Malheureusement les glaces et les statues de marbre qui en étaient naguères les plus riches ornemens, ont toutes disparu; il n'y reste plus aujourd'hui que des tableaux, des pendules et autres meubles de grand prix.

Une basse-cour, des écuries, des remises, des terrasses et des glacières ornent ses alentours.

Le parc de derrière, tout planté d'arbres verts et orné de statues en pierre représentant les dieux de la mythologie, offre aux promeneurs les plus pures délices; ici c'est le dieu Pan qui figure la chasse; là Pomone au tablier chargé des plus beaux fruits; plus loin des dieux marins où la grande Cérès qui porte l'abondance; des animaux sauvages, des poissons et des corbeilles de pierre d'un travail merveilleux.

On y contemple aussi avec ravissement des pavillons, de vastes bassins, un grand mur tout tapissé de lierre, et, au-dehors, une longue allée bordée par deux rangées de superbes platanes.

CHAPITRE VII.

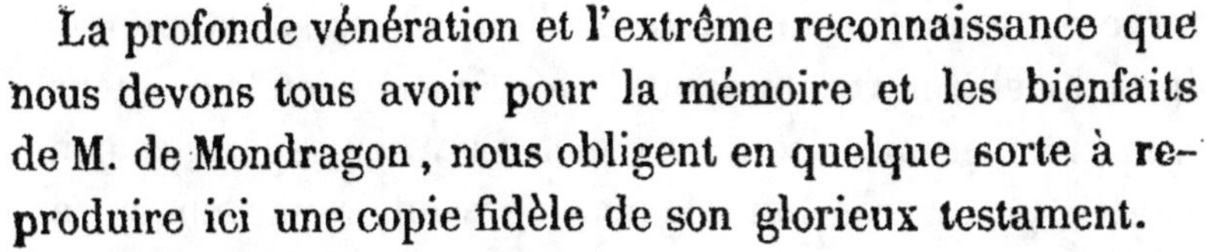

La profonde vénération et l'extrême reconnaissance que nous devons tous avoir pour la mémoire et les bienfaits de M. de Mondragon, nous obligent en quelque sorte à reproduire ici une copie fidèle de son glorieux testament.

« *In nomine Dei. Amen.*

» Au nom de Dieu soit-il. Sachent tous présens et à venir, que l'an 1592 et le seizième jour du mois de novembre du matin, comme ainsi soit, que la mort naturelle soit ordonnée de Dieu, notre créateur, à tout humain, aux fins que par le moyen d'icelle notre corps mortel puisse investir

incorruption et immortalité, l'heure de laquelle mort nous
est tellement inconnue et incertaine, que beaucoup décèdent
de ce monde à l'autre sans tester ni faire aucune disposition
de leurs biens, à occasion de quoi s'ensuit journellement
procès, questions et différends entre les parens et les successeurs de ces mêmes personnes, à quoi le sieur testateur
veut obvier, et pendant qu'il a loisir et que son entendement
est régi par raison, comme il le doit; pour ce est-il que par
devant moi Alexandre Bijaudy, notaire royal apostolique
soussigné, et les témoins à la fin nommés personnellement,
puissant seigneur messire Paul de Mondragon, chevalier
de l'ordre du roi, capitaine de cinquante hommes d'armes
de ses ordonnances, seigneur de Mondragon, d'Arboux et
de Barbentane en partie, lequel considérant à ce que dessus et y voulant remédier, étant en ses bon sens, mémoire et entendement et en bonne santé et convalescence
de son corps, a fait et ordonné son dernier testament nuncupatif, et disposition finale de dernière volonté en tout et
chacun de ses biens comme s'ensuit; et premièrement en
la manière d'un bon chrétien et mémoratif de la mort et
passion que Nôtre-Seigneur-Jésus-Christ a soufferte et en-
durée pour nous en sa sainte et digne Croix, s'est muni du
signe d'icelle en recommandant son âme à Dieu le créateur,
en la grâce et miséricorde duquel toute son espérance consiste, le priant très-humblement de vouloir pardonner ses
péchés, et parce que les saints nous enseignent qu'il ne
faut mépriser la sépulture des morts ainsi que, par exemple, Nôtre-Seigneur Jésus-Christ nous a montré. A cette
cause, ledit seigneur testateur, quand son âme fera séparation de son corps, a élu sa sépulture ecclésiastique et
lit funéral dans l'église paroissiale de ce lieu de Barben-

tane , au-devant du grand autel , et a voulu et ordonné
être despendu pour faire prier Dieu pour son âme , pour
l'enterrement , neuvaines et chantés , ce qui sera adjugé
par madame de Mondragon , sa femme , et son héritier,
après nommé; selon les gens de son rang et de sa qualité,
veut être accompagné à sa sépulture par MM. les Prêtres
du lieu de Barbentane ; et comme il sera adjugé par sadite
femme et son héritier ensemble , par septante-deux pauvres
portant chacun un flambeau , auxquels pauvres veut être
donné par son héritier , après nommé , une canne de drap ,
savoir : vingt-quatre habillés de drap blanc , vingt-quatre de drap rouge et les autres vingt-quatre de drap bleu.

» *Item*, veut et ordonne ledit seigneur testateur qu'il soit
dit et célébré à perpétuité , pour l'honneur de Dieu et de
la glorieuse Vierge Marie , en rédemption de ses péchés et
de ses parens défunts , en ladite église et au grand autel ,
quatre grand'messes , *de Die* , toutes les semaines aux quatre derniers jours , lesquelles grand'messes se sonneront à
trignon et se diront par le curé et les prêtres en ladite
église par rang ; pour la dotation desquelles messes veut et
ordonne ledit seigneur testateur soient mis quatre cents écus
par son héritier , après nommé , sur la communauté dudit
Barbentane , à pension annuelle et perpétuelle , laquelle
pension sera exigée et recouvrée par le sieur curé qu'est à
présent , et sera à l'avenir pour icelle distribuer à lui et aux
autres prêtres de ladite église de Barbentane et assisteront
auxdites messes , ensemble prélevant chacun ce qui lui
appartient et les absens n'auront rien ; et commenceront
à se célébrer lesdites messes incontinent après le trépas
dudit seigneur testateur , jusqu'à ladite somme pour être
employée ainsi que dessus , afin que ladite fondation et

divin service soient dits et continués à tout jamais.

» *Item*, veut et ordonne ledit seigneur testateur qu'à perpétuité et le lendemain du jour et fête de tous les saints, pour l'honneur de Dieu, tous les ans soient donnés par son héritier et les siens, à la porte de la maison du présent lieu, trois salmées blé cuites en pain, aux pauvres gens nécessiteux qui le demanderont pour Dieu, laquelle aumône sera distribuée par les consuls et les recteurs de l'hôpital de Barbentane, et en cas que les héritiers ou les siens ne se désistassent de faire ladite aumône, baille puissance auxdits consuls et recteurs de l'hôpital de les faire convenir et contraindre par justice, le tout aux dépens de sondit héritier et des siens.

» *Item*, lègue à l'hôpital des pauvres dudit lieu de Barbentane cent écus pour être une fois payés incontinent après son trépas par son héritier. »

Paul de Mondragon fait ici des legs particuliers à sa femme, d'abord, au sieur de Crozes, son neveu-filleul, fils aîné du seigneur de Crozes, à la charge et condition que ce de Crozes sera tenu de porter son nom et armes de Mondragon, et qu'après lui tous ses biens et priviléges passeront à son filleul Paul de Mistral, et ainsi de suite de mâle en mâle.

« Le présent sien dernier testament nuncupatif veut valoir, tenir et avoir perpétuelle valeur et efficace comme il est ci-dessus ordonné, priant et requérant ledit seigneur testateur, les témoins ci-après écrits, par lui connus et nommés, que de toutes les choses contenues au présent testament soient records et mémoratifs pour témoigner à la vérité en temps et lieu quand requis et besoin sera, et moi notaire royal apostolique soussigné, lui en vouloir retenir acte et instrument pour icelui extraire et expédier à qui touchera et appartiendra, et le lui ai octroyé pour le dû de mon office.

» Fait et publié au lieu de Barbentane en Provence, diocèse d'Avignon, dans la maison et chambre dudit seigneur, en présence de vénérable personne M. Claude Gaudin, prêtre curé, messire Louis Bonjean, aussi prêtre, M. Jean Rougon, lieutenant de baille de la commune, noble Jean Réquier, sieur Pierre Bijaudy, bourgeois, sieur Joseph Sisème, marchand du lieu de Barbentane, M. Marc-Antoine Ferrier, docteur ès-droit, avocat au siége de la ville d'Arles, et capitaine Jean de Daille, de la ville d'Aramon en Languedoc, témoins requis et soussignés avec ledit seigneur testateur; signés : Mondragon, C. Gaudin, Jean de Daillè, Ferrier, Sisème, Rougon, Bonjean, prêtre, Réquier, Jean Bijaudy, témoins requis; et de moi Alexandre Bijaudi, notaire royal apostolique, greffier dudit Barbentane, soussigné, ainsi écrivant: signé Bijaudy, notaire.

» Extrait collationné sur l'original des écritures de M. Alexandre Bijaudy, et scellé à Barbentane le 27 décembre 1789, reçu trois livres, signé Millaudon. »

En 1595, la communauté de Barbentane se trouva obligée, par ordre du comte de Grignan, d'envoyer à l'armée du maréchal de Cannes, pour le secours de Pignerol, quatre mulets chargés d'avoine; mais à peine arrivèrent-ils à Tarascon qu'ils furent réformés, et le sieur Petit qui en était le conducteur, les ramena à Barbentane chargés de la même avoine.

Par ordre encore du comte de Grignan, il fut allumé, l'année suivante, un grand feu de joie sur notre place à l'occasion de la prise d'Adarbel, et un second, peu de temps après, en réjouissance de celle de Rose.

Nous apprenons aussi qu'en 1596 le sire de Crozes, qui s'était rendu maître du château de Barbentane, auparavant gouverné par le fier d'Épernon, lieutenant de Henri IV, et presque souverain dans le midi de la France, se vit bientôt forcé d'évacuer le poste. En effet, irrités d'une telle invasion et refusant de se soumettre au joug du vainqueur, nos braves du pays s'unirent tout d'abord pour marcher contre Crozes et lui faire lever le siége : l'attaque fut terrible et le combat fort long, il y eut de part et d'autre quantité de blessés et grand nombre de morts ; mais grâce aux prompts secours donnés aux Barbentanais par les Gravesonais qui, d'ailleurs, reconnaissaient comme eux le sire de Robin pour leur commun seigneur, Crozes se désista et la place et la forteresse furent remises à Henri IV.

Voici comment Nostradamus, dans le second volume de sa grande histoire de Provence, nous raconte le fait.

Quant au premier janvier de l'an nouveau MDXCVI (1596), ceux de la garnison de Graveson voulurent aller au secours du château de Barbentane que Crozes, qui avait enlevé cette place des mains du duc d'Épernon, tenait étroitement assiégée, de sorte qu'ils furent si maltraités, que les uns pavèrent la terre de leur corps navré de mortelles plaies, des ouvertures desquelles leurs âmes étaient sorties comme en grondant et maudissant leur issue infortunée ; les autres étaient tombés au pouvoir des vainqueurs qui, par une plus douce fortune, les avaient faits prisonniers, ce qui apporta une telle terreur aux assiégés que, faits sages aux sanglans dommages de tant d'hommes défaits et perdus,

ils se rendirent le lendemain que le village et le château
furent remis à l'obéissance du roi, sous un tel et si prompt
exploit dont Crozes emporta l'honneur.

La haine mortelle que le duc d'Épernon avait conçue
contre les gentilshommes du pays, jà tous unis et ralliés
avec le prince Lorrain, les uns et les autres se disant ser-
viteurs du roi, nourrissait ces malheurs et immortelles
divisions que toujours quelque âme innocente payait aux
dépens de sa propre vie.

Nous apprenons, en outre, qu'en 1591 Graveson avait
été encore plus vigoureusement et plus malheureusement
assiégé par un parti de Huguenots qui rançonna extra-
ordinairement les capitaines et les bourgeois pour avoir
osé se défendre et tâcha de séduire les autres habitans.

Il est même dit qu'il envoya des soldats aux galères, que
les habitans furent pillés et les archives incendiées.

Il paraît que sous Louis XIV la seigneurie de Robin Barbentane s'était ruinée d'hommes et de finances au service
du Grand-Condé, dévouement qui valut au pays l'honneur
de recevoir le héros de Rocroi. Le prince vint donc, s'il faut
en croire quelques anciens, rendre à Barbentane une
visite de reconnaissance ; et c'est pendant son séjour au
sein de notre ville, qu'ébloui de la beauté du site, il en
fit la demande au sire de Robin au nom du roi son maître. Cette demande était comme un ordre, elle mit le marquis dans un cruel embarras ; heureusement que le sire de
Robin était aussi bon poète que valeureux soldat ; car,
par amour pour son pays et ses concitoyens, il éluda,
dit-on, une telle exigence en adressant au roi cette fine et
délicate strophe :

« Mais qu'est-ce donc pour toi, grand monarque des Gaules,
» Qu'un peu de sable et de gravier !
» Que faire de mon île, il n'y croît que des saules,
» Et tu n'aimes que le laurier. »

La noble famille de Robin Barbentane conserva donc son titre et son premier éclat.

Nous apprenons en outre, d'un manuscrit trouvé aux archives de notre commune, qu'en l'année 1612, il fut fait inspection des prisons de Barbentane, et on confirma le bailly dans l'exercice de ses fonctions.

L'an 1620, un procès s'éleva entre notre communauté et madame Claire de Perussis, dame de la Fare, au sujet des tailles de son moulin à huile, avec évocation de la cour des comptes, aides et finances, et des procureurs-généraux au parlement de Grenoble, sur lequel procès il fut transigé en 1627.

Le 30 août de l'année suivante 1628, une femme de Barbentane, nommée Augustine Vallien, légua tous ses biens à l'hôpital dudit lieu, en reconnaissance des soins qu'on y avait pris d'elle.

Il appert aussi de l'extrait du testament du sieur Claude Raoulx, daté du 22 septembre 1631, notaire Paul-Antoine Bijaudy, que ledit testateur, porté du même zèle que dans les dispositions précédentes, a légué, pour l'honneur de Dieu, en rémission de ses fautes, à l'hôpital des pauvres de Jésus-Christ du lieu de Barbentane, en faveur des pauvres filles dudit lieu, pour leur aider à se marier, et aux pauvres garçons pour leur aider à apprendre un métier, à savoir : une rente annuelle et perpétuelle de 75 livres tournois, payables, par son héritier après nommé, à chaque fin d'année, à commencer l'année finie après son trépas, et ainsi se continuant annuellement et perpétuellement des mains du recteur dudit hôpital, qui en concédera, chaque année, les quittances nécessaires, et en cette qualité veut la distribution desdits 75 livres être faite, tous les ans au jour qu'elle tombe, par le sieur curé de la paroisse, par le sieur premier consul du lieu de Barbentane, par sondit héritier, et, après lui, par l'aîné de sa maison ou autres plus proches d'icelle et de la famille de M. Raoulx.

Dont les quatre étant ainsi assemblés et ayant invoqué l'aide de Dieu, fait la disposition suivante, savoir : aux pauvres filles à marier et aux garçons pour leur apprendre un métier, 60 livres; douze livres à l'hôpital, et les trois livres restantes à un repas que les dispositeurs feront honnêtement entre eux en la mémoire dudit fondateur, le tout par leur prudence et leur bonne conduite en laquelle il se rapporte entièrement; demeurant au choix desdits administrateurs, quand la nécessité le requerra, de convertir toute ladite aumône au secours des pauvres habitans pour les garder de mourir de faim, quand Dieu nous afflige de quelque extrême disette, les suppliant seulement de faire choix des plus pauvres filles que faire se pourra et ainsi des garçons, que le Saint-Esprit leur inspirera; laquelle pension de 75 livres veut être portée et soutenue par un capital de 1500 livres qu'il impose sur une sienne terre au clos du Bousquet, terroir de Barbentane, de vingt-huit à trente éminées, laquelle il affecte et hypothèque par exprès au paiement de ladite pension et au capital, sans que son héritier puisse vendre ni engager au préjudice de ladite aumône, *etc.*, *etc.*

Cette pension a fondu dans les rentes de l'hospice.

La même année 1631, le sieur Honoré Raoux, juge de notre commune, légua à notre hospice le grand moulin à vent, démoli, comme on sait, en 1827, pour faire place à la croix de mission ; dix éminées de terre au quartier des Espidègles, et un verger de quatre éminées aux environs de Bertirigues.

Enfin, en 1636, le sieur Louis Laboisse laissa, par son testament, reçu par François Bijaudy, la somme de 18 livres payables tous les ans par ses héritiers entre les mains d'un des consuls et d'un des ouvriers, pour en faire aumône aux pauvres à la porte de l'église ; il conste, cependant, qu'un de ses héritiers en ayant payé le fonds au recteur de l'hospice, elle fit, dès-lors, comme elle le fait encore, partie de ses revenus.

En 1641 un procès s'éleva entre la communauté de Barbentane, celle de Noves et autres, au sujet de la répartition de 10,000 livres d'indemnité accordées par le gouvernement aux communautés voisines de la Durance, depuis Bonpas jusqu'à son confluent, et, le 28 octobre de la même année, il fut rendu un jugement par M. de Narbelles, commissaire député par Sa Majesté, qui adjugea mille livres à la communauté de Barbentane ; c'est pourquoi on nous assure qu'il fut fait au conseil-d'état un arrêt en conséquence.

L'année suivante 1642, le cardinal de Richelieu, remontant le Rhône de Tarascon à Avignon, et se trouvant à la nuit en face de Barbentane, vint faire halte et coucher en ce lieu.

Le 12 avril 1644, Barthélemy Coustet légua à notre hospice un capital de deux cents francs.

En 1660, le froid fut si violent qu'on passait sur le Rhône comme sur une grande route. Un historien du temps va jusqu'à avancer que le chemin tracé sur le Fleuve était si sec et si battu, que les hommes et les chevaux s'y trouvaient couverts de poussière comme le sont aux mois de juillet et d'août les voyageurs sur les grandes routes. Et c'est alors que Louis XIV, pour se rendre de Beaucaire au palais du roi Réné ou château de Tarascon, traversa le Rhône sur un pont de glace, accompagné de la reine-mère, du maréchal de Villeroi et escorté d'une musique militaire et de deux régimens.

En 1664 il fut dressé dans notre pays, par les soins et la diligence de nos consuls, une délibération et un arrêt d'homologation prohibant l'entrée des vins et des raisins provenant des vendanges étrangères. On travailla cette même année à découvrir les débiteurs d'une aumône de deux salmées de blé qu'un nommé Olivier Deydier avait laissées en mourant au profit de nos pauvres.

Durant l'hiver de l'an 1666 le vent du nord souffla l'espace de six semaines avec tant de violence et si peu de relâche, qu'il occasionna une sécheresse ne laissant au laboureur aucun espoir de récolte. On le regarda comme une calamité et l'on fit pour sa cessation des prières publiques.

Il conste aussi, de la lecture de nos registres, que de 1673 à 1680, il vint loger à Barbentane, à cinq ou six reprises, par ordre du comte de Grignan, lieutenant du roi en Provence, du marquis de Collins et du duc de Vendôme, plusieurs compagnies de soldats, il y est même exprimé

que le comte de Grignan étant venu à Barbentane, en 1678,
logea dans la maison de M. de Mondragon. Nos consuls d'a-
lors voulant indemniser ce dernier des frais qu'il avait faits,
lui offrirent huit flambeaux, de la volaille et du gibier,
montant 70 livres.

Nous apprenons encore d'une délibération que l'archevêque d'Avignon étant venu visiter notre paroisse quelques
mois auparavant, on lui avait fait don de douze boîtes de
confiture et de six flambeaux ; il y est même dit que pour
les armoiries qu'on avait eu soin de placer sur la porte de
l'église, on dépensa cette année trente-sept livres dix sols,
et 33 livres pour la famille de l'évêque.

Un règlement de police, publié dans nos murs, nous
montre qu'à cette époque on afferma la boucherie à la
condition expresse de ne vendre le mouton que seize patats la livre, et le bœuf onze patats, à l'exception des
quatre derniers mois où au lieu de onze on pourrait la
vendre quinze.

Le 19 novembre 1680, Paul-Antoine Bijaudy, bourgeois
de Barbentane, légua à notre hospice le mas de Bassette
et ses dépendances.

Quoique le bac de Barbentane fût depuis long-temps uni
à celui de Châteaurenard et à celui de Rognonas, la position du triple bac ne fut déterminée par arrêt du parlement qu'en 1684, ce qui n'empêcha pas qu'il y eût entre
ces deux communes de graves contestations.

Malgré les arrêts du 28 juin 1675 et du 13 mai 1679;
malgré la déclaration du rapport du 13 mars de cette même
année et l'accord fait entre les officiers de Châteaurenard,
ceux de Barbentane et ceux de Rognonas, déterminant la
réunion des trois bacs en un seul, que des experts, parmi

lesquels se trouvait le conseiller d'Anthoine, parent de l'opposant, conséquemment impartial, avaient fixé près de l'île Barban ; malgré cet arrêt, dis-je, et ces dispositions, messire François d'Aymard d'Alby, baron de Châteaurenard, commandeur aux lettres royales de rescision, prétendit, de concert avec les consuls de ladite commune, que cet arrêt lui était contradictoire et préjudiciable, et cela contre messire Paul Mistral de Mondragon, François de Robin et Paul-François de Puget du Réal de Cabassolle, messeigneurs de Barbentane et les propriétaires du port de Rognonas. A ce sujet, le sieur Décormis, dans son plaidoyer en faveur des Barbentanais, réfuta victorieusement les diverses objections qu'on leur avait opposées, en prouvant d'abord l'ancienneté du port de Barbentane, la réunion évidente des trois bacs en un seul par la transaction de 1537, ne donnant à Châteaurenard que droit à un seul tiers, et sa détermination expresse, faite maintes et maintes fois à l'endroit le plus commode et tout près de l'île Barban. Il paraît néanmoins que les communes de Châteaurenard et de Rognonas ne tardèrent pas de renoncer à leur tiers ; car nous apprenons des archives de l'évêque qu'en l'année 1690 l'archevêque d'Avignon avait la moitié des droits sur le bac de Barbentane ; l'autre moitié devant se partager entre nos co-seigneurs et divers propriétaires qui y avaient droit à raison de 36 deniers, dont messire de Graveson, comme co-seigneur de Barbentane, avait quinze deniers et demi, messire de Salignac ou de Crozes, deux deniers, le seigneur d'Oise, six deniers, *etc.*

Ces divers documens sont bien propres à nous montrer l'intérêt qu'on attachait au bac de Durance.

En 1680, le conseil-d'état rendit un arrêt portant que les

particuliers de Provence qui avaient souffert du logement des gens de guerre, tels que nos compatriotes, ne pourraient prétendre à un remboursement que sur le pied du taux fixé par le gouverneur de la province.

Astreints que nous sommes à l'ordre chronologique, nous nous voyons forcés de soumettre au lecteur des faits incohérents, sans suite, comme ils se présentent.

Ainsi, nous apprenons d'un dictionnaire biographique, rédigé par Rolland, qu'un nommé Chabry, peintre et sculpteur, né à Barbentane, se maria à Lyon en 1684, qu'il embellit cette ville de ses riches productions, et qu'il s'y distingua d'une manière spéciale par son talent dans la sculpture ; il y est même dit qu'on estima deux mille francs un Christ de buis, de sa composition. C'est donc pour nous, lecteur, un devoir bien pressant de mentionner ici cet excellent artiste.

Au mois d'août de la même année 1684, une nuée d'animaux appelés sauterelles, étant venue du côté d'Aramon dévaster notre terroir aux quartiers de Motton, du Mas-Liven et des Esplantades, les consuls de notre communauté, Étienne Martin, Jean Bonnet et Joseph Labrune, prirent beaucoup de soins et firent cette année de très-fortes dépenses pour leur donner la chasse ; en effet, il conste que pour affectionner le monde, on donna aux chasseurs des funestes insectes, deux patats d'Avignon ou six deniers de la livre, et que le sieur Griot fut chargé par nos consuls de pratiquer des fosses pour les y ennfouir ; on fit même à l'église, pour leur disparution, des prières publiques. Cependant, tout cela n'ayant pas empêché qu'elles nichassent dans le terroir, nos consuls se virent, l'année suivante, dans la nécessité de faire travailler pour ramasser et détruire les œufs qui commençaient à éclore. On ordonna d'abord de couper les luzernes à tous ceux qui en avaient aux quartiers des Esplantades, Motton et Mas-Liven, et on donna aux chasseurs ou inquisiteurs des œufs seize patats de la livre.

Peu de temps après, MM. les Consuls ayant exposé dans un conseil que la foudre étant tombée sur le clocher de notre église, l'avait tellement endommagé que les crevasses occasionnées par cet accident s'entr'ouvraient chaque jour; et que les voisins mêmes étaient allés se plaindre du danger qu'ils couraient, on fit venir d'Avignon un maître maçon nommé Rocchas, qui jugea que pour réparer le dommage il en coûterait à notre commune environ cinq cents livres. On ne tarda pourtant pas d'exécuter l'ouvrage.

Il conste, d'autre part, que le 6 avril 1686, il fut donné à notre communauté un nouveau règlement pour la création et les attributions des divers officiers, et l'on fit prêter serment aux banniers du pays.

Le 12 juin 1692, il fut publié à la barre du parlement de Provence, séant à Aix, un arrêt d'homologation qui réglait les possesseurs des quartiers de Motton, Mas-Liven et Roquier, remettant les parties en même état qu'avant, déclarant d'une part les consuls et la communauté hors de cours, les condamnant même à payer à ceux qui possédaient des biens aux quartiers du Mas-Liven, *le quanti minoris* des terres à eux vendues; et, d'autre part, fesant commandement aux citoyens Bijaudy, Bonnet et autres, de payer sous trois jours aux consuls de la communauté la somme de 253 livres 5 sous 5 deniers, mentionnés aux compulsoires, l'huissier Rey.

Le 16 juillet de la même année 1692, il y eut transaction entre l'archevêque d'Avignou joint aux co-seigneurs
de Barbentane d'une part, et le sieur Barthélemy Monclergeau, bourgeois de Beaucaire, d'autre part, comme cessionnaire du privilége accordé par arrêt du conseil, du 3
décembre 1687, à Louis-Joseph, duc de Vendôme, pour
la construction d'un pont sur la Durance. Il conste de la
lecture de cet acte, que les droits de l'archevêque d'Avignon et de nos co-seigneurs, furent alors affermés audit
Monclergeau pour la rente annuelle de 556 livres 13 sous
4 deniers, et même que ce dernier avait fait construire
un pont à bateau au terroir de l'île Barban, quartier de
Mourrefrech ; mais ce pont ne fut pas de longue durée,
puisqu'il fut bientôt emporté par les eaux.

Les revenus du prieuré de Sainte-Catherine ayant consi-
dérablement baissé en 1693, on en réduisit le service à
raison de leur diminution.

Nous apprenons aussi de la lecture de nos registres,
qu'en 1697, la communauté de Barbentane, sur l'ordre
du lieutenant de Provence, remit ses armoiries consistant
en une tour, compta à cette fin la somme de vingt-neuf
livres portées par le tarif. (*Voy. Pl III.* n° 4.)

Au mois de mars de la même année 1697, une compagnie de dragons du régiment de Breuil, sous le commandement du chevalier de Forbin, quitta notre commune où
elle était campée depuis le 28 novembre 1696.

Notez qu'on avait aussi logé quelques mois auparavant
diverses compagnies des régimens du Médoc, de Doria, du
Brisac, de Ravenne, de Broglie, *etc, etc.*

Par lettres-patentes du roi, à la date de l'an 1698, le
sieur Jean Chabert, du lieu de Barbentane, fut nommé

conseiller à la cour dudit roi , et alla prêter serment solennel en présence des membres du parlement d'Aix.

Le 6 février de l'année suivante 1699 , la dame de Mondragon légua à notre hospice une pension annuelle de quinze livres , avec obligation de les distribuer à soixante pauvres du pays , donnant à chacun la somme de 5 sols.

Le 3 octobre de la même année 1699 , la demoiselle Sibille de Massauve , d'Avignon , légua au même hospice le mas de Magne et les terres qui en dépendent.

Les louis d'or ne valaient alors à Barbentane que 13 livres tournois , et les écus 3 livres 10 sols 5 deniers.

En 1702 , on afferma la boucherie avec ordre de ne vendre le bœuf que 2 sols la livre , et 3 sols le mouton.

Cependant les œuvres pies devenaient toujours plus fréquentes ; car, outre les bienfaits accordés à l'hospice, nous trouvons d'autres legs qui ne sont ni moins beaux ni moins dignes d'honneur.

Ainsi , nous apprenons qu'en 1703 , il fut fondé à Barbentane , par une personne dévote , qui légua à l'église un capital de de 600 livres ou 30 livres de pension , l'octave du Saint-Sacrement , avec discours et bénédiction à donner chaque soir.

La même année un *Te Deum* fut chanté dans notre église paroissiale et un feu de joie allumé sur la place par ordre du comte de Grignan , en réjouissance d'une bataille que le roi venait de gagner sur ses ennemis en Flandre.

CHAPITRE VIII.

On sait qu'en 1707, le duc de Savoie vint faire le siége de Toulon par terre, assisté de son armée, de l'armée navale des Anglais et des Hollandais, composée d'un grand nombre de vaisseaux; il le bombarda et l'eut même entièrement détruit, si M. le comte de Grignan, alors gouverneur en Provence, ne fut promptement venu à son secours et n'eût en se battant traîné la chose en longueur; car, pendant qu'il guerroyait contre le duc de Savoie, le roi de France envoya une armée qui fit lever le siége, et c'est au retour de cette expédition qu'il vint camper dans notre territoire, au quartier des Esplantades, vingt-et-un régimens de cavalerie ou dragons ; ce qui, dans notre pays, produisit le plus bel effet. M. de Mongon, lieutenant-général de M. de Médaux, les commandait ; il logea, nous dit-on, dans la maison de M. de Mondragon, au planet ; et il vint un maréchal-de-camp marquer toutes les maisons du lieu pour les brigadiers d'armée au nombre de quatre, pour les colonels et les lieutenans-colonels, qui logèrent tous dans le lieu même.

Le nommé Esprit Guigue, témoin oculaire, qui nous a transmis ce fait, nous assure qu'ils avaient dans leur propre maison un colonel et un lieutenant-colonel du régiment de Lorraine ; l'armée, nous dit-il, campa depuis la roque d'Acier jusqu'à notre terre ou domaine des Esplantades et même jusqu'à la croix de Meyer. Il venait de Bourgogne des bateaux chargés apportant des vivres, du bois, du foin et de l'avoine pour nourrir les chevaux de l'armée.

Cependant, en moins de quinze jours, huit régimens partirent de Barbentane, tous les autres séjournèrent neuf à dix jours de plus, à l'exception d'un seul, le vieux Languedoc dragon, qui resta campé au quartier des Esplantades jusqu'à ce que les pluies et les mauvais temps le fissent décamper.

Les officiers trouvèrent à se caser chacun en son particulier, dans l'étendue du pays, et à loger leurs chevaux ; mais les simples soldats, n'ayant pas d'autre logement, furent contraints de coucher dans les écuries des auberges ou des maisons que le sort leur avait désignées, fesant leur ordinaire comme ils pouvaient.

Ils arrivèrent le 7 du mois de septembre, temps où la

vendange n'était pas encore faite ; il conste néanmoins qu'on ne fit aucun mal, parce qu'il y avait bon ordre et qu'on avait posé des sentinelles à toutes les avenues du camp et défendu d'en sortir sous de très-grièves peines ; ce qui, joint à tant d'étrangers, fut pour nos compatriotes d'un très-grand avantage ; car, dès le commencement tout, nous dit-on, se vendit assez cher ; le pain valut dix sous, une poule trois livres, et le pot de vin qui ne valait qu'un sol, en valut d'abord six. L'affaire allait d'autant mieux que l'armée était munie d'argent ; les dragons ayant reçu à Aix, à leur retour de Toulon, la solde des six mois qui venaient de passer. Cependant, à peine eurent-ils séjourné l'espace de vingt jours, qu'on apporta de partout de grandes provisions, ce qui en fit diminuer le prix. Il tomba pourtant malade et mourut en ce lieu quantité de chevaux, à cause qu'on les avait pressés en route et privés de nourriture pour hâter la levée du siége de Toulon.

Le six janvier, jour de la fête des rois, de l'an à jamais mémorable 1709, le froid fut si violent qu'il tua dans nos contrées et en Bas-Languedoc les blés, les vignes et jusqu'aux oliviers ; nous apprenons pourtant que ceux qui, l'année d'après, resemèrent des grains grossiers, comme *pomelle*, orge, millet, *etc.*, en eurent une si grande quantité, qu'une seule salmée en produisit vingt, et à la récolte l'orge se vendit jusqu'à vingt-cinq livres. Néanmoins étant venu du blé par mer, le bon grain diminua de près de la moitié, et les particuliers qui en avaient vendu, ajoute l'auteur de la note, furent heureux ; car, ceux qui en avaient fait emplète y perdirent la moitié. Il y eut aussi une bonne récolte de fèves, de pois et autres légumes ; les vignes, néanmoins, ayant beaucoup souffert, le vin valut, dit-on ; cent livres le tonneau. Quant aux oliviers, ils furent, surtout dans les vergers placés près des rochers et où le terrain n'était pas bien profond, presqu'entièrement morts ; ceux au contraire qui se trouvaient plantés dans de gros fonds de terre et où les racines pouvaient pénétrer, eurent bien moins de mal, et firent, deux ans après, un si grande quantité de rejetons qu'ils en fournirent assez pour le remplacement de tous les arbres morts qui n'avaient plus poussé ; ce fut pourtant une grande perte pour le pays et la source de bien grandes misères ; car, n'y ayant au temps dont nous parlons ni huile, ni blé, récoltes principales, on ne voyait que pauvres partout, au point que des familles, auparavant aisées, furent presque réduites à la mendicité. Ce fut alors que M. l'Intendant permit aux consuls de notre communauté d'emprunter mille livres pour faire achat de blé, et une requête fut présentée à monseigneur l'archevêque pour obtenir de vendre à cet effet l'argenterie de l'église, et acquits de Châteaurenard, Eyragues et département d'instance de Louis Marteau huissier.

On commença à planter en 1715, 16 et 17, de sorte qu'en 1725, presque tous les oliviers étaient aussi grands qu'auparavant.

Il avait été présenté à la cour des comptes, peu d'années auparavant, une requête où les habitans de Barbentane se plaignaient à l'intendant qu'ils étaient surchargés du logement des gens de guerre ; en effet, il conste de la lecture de nos registres, que le dernier escadron du régiment de Germinot étant venu camper à Barbentane, en juin 1713, par ordre du comte de Grignan, lieutenant des armées du roi et commandant pour Sa Majesté au présent pays de

Provence, se plaça dans le verger de mûriers de la Charité , sis au bas de Barbentane, clos de Galine-Grasse, où
il resta campé cinq mois et seize jours ; il vint ensuite
cantonner dans le pays , et un corps-de-garde fut établi à
la porte de la commune.

On avait d'abord expédié cent quarante piquets de cheval, cent perches ou fourches et quatre cents piquets de
tente , toutes choses qui furent fournies par Alexis Raoux,
et pour lesquelles le trésorier de la communauté compta
40 livres 4 sols.

Outre ces fournitures, la communauté devait expédier
journellement deux cents rations de foin de vingt livres
chacune, et chaque jour aussi huit quintaux de bois à
brûler , et six quintaux de paille au moins tous les cinq
jours.

On trouve ensuite le compte détaillé des fournitures de
foin faites audit escadron par divers particuliers ; il y est
dit en somme que depuis son arrivée jusqu'à son départ ,
on en fournit six mille sept cent quatre quintaux quatre-
vingt-dix-huit livres.

Suivant le même ordre du seigneur intendant, notre com-
munanté devait encore fournir journellement deux cents
rations d'avoine pesant 6 livres chacune, à tel point qu'on
en acheta des particuliers cinq cent quatre-vingt-onze salmées , deux émines et quinze cosses, se montant en tout
à 5115 livres 15 sols 1 denier.

Item, les sieurs maire et consuls fournirent audit escadron la quantité de quatorze cent dix-sept quintaux et cinquante livres de bois à brûler , montant 306 livres 1 sol ;
plus , cent quatre-vingt-dix-huit quintaux de paille, montant 103 livres 9 sols ; pour frais de boussillage , 144 livres

13 sols 9 deniers ; et pour quatre-vingt-trois riolly, à 4 sols le cent, 64 livres 4 sols. Pour correspondance ou voyages, 67 livres, et pour autres fournitures, 58 livres. En tout, 1107 livres 13 sols 10 deniers.

Il conste pourtant que notre communauté ne pouvant subvenir à tant de fournitures, eut recours à MM. les Procureurs du pays de la province, qui ordonnèrent à quelques communautés voisines de lui venir en aide, notamment à celles de Noves, de Saint-Andiol et de Boulbon ; celle-ci, n'ayant pas fourni le contingent requis, et notre communauté s'étant vue obligée de procurer ce qui manquait, réclama auprès de l'intendant, qui eut soin de l'indemniser.

Nous devons ici honorer la mémoire et les bienfaits de Marguerite Capelle, qui légua tous ses biens à l'hospice de Barbentane, le 12 décembre 1713.

CHAPITRE IX.

L'air qu'on respire dans notre commune est très-vif et très-sain à cause qu'elle est exposée au vent du nord qui y est très-fréquent ; la neige y tombe rarement, il y pleut aussi rarement en été ; mais on y est souvent incommodé , surtout en hiver, par un grand vent froid qu'on nomme bise ou *Ventaraou*. Les Celtes l'appelaient *Bis*, qui signifiait noir ; les Grecs , *Mélamborée*, qui signifie tempête ou bise noire ; et les Romains , *Aquilo*, comme pour exprimer son souffle impétueux. Strabon a écrit qu'il traîne jusqu'aux pierres, qu'il tracasse les gens montés sur des chariots, et que dans sa violence il va jusqu'à ravir les vêtemens qu'ils portent. *Ventus septentrionalis,* dit-il, *violentus ac horribilis quo ferunt et lapides agitari atque volvi et homines ne vehiculis deturbari, ac vi flatûs armis vestibusque nudari.* Ce qui prouve évidemment qu'il a toujours soufflé comme il souffle aujourd'hui. C'est un fait reconnu qu'il succède toujours au temps pluvieux, et il suffit souvent de trois gouttes de pluie pour le faire renaître. Plus il dure, plus il semble s'irriter ; il règne huit, dix jours, quelquefois des mois entiers ; il n'est pas rare de le voir tronquer des arbres, en déraciner, et renverser des cheminées ; en un instant il a balayé l'atmosphère et en a absorbé toute l'humidité ; il n'est donc pas surprenant que l'air de notre commune soit plus pur et plus sain qu'en bien d'autres endroits.

Aussi, aux années 1719, 20 et 21, époque où la peste fit d'affreux ravages dans toute la Provence, Barbentane en fut préservé, à tel point que l'intendant de Provence et plusieurs membres du parlement d'Aix y vinrent fixer leur résidence.

Au temps de la peste, nous dit la Statistique, Barbentane servit d'asile au bureau des États de Provence, et la tradition ajoute qu'on ne laissait entrer aucun étranger dans le pays, qu'on exigeait des habitans la plus grande propreté et qu'on trempait tout dans le vinaigre jusqu'à l'argent qu'on recevait.

Il conste d'autre part qu'en 1724 il y avait à Barbentane un bureau de menue police, composé de deux commissaires, et ce fut là qu'on fixa cette année le prix des journées de travail dont le peuple abusait. En effet, plusieurs habitans profitant, l'hiver, des avantages que leur offrait la communauté, au lieu d'y continuer leur séjour dans la belle saison, surtout à l'époque des moissons, temps où leurs bras étaient indispensables, s'en allaient travailler dans des terroirs étrangers ou exigeaient des propriétaires de trop fortes journées. On fixa donc à 12 sols la journée de l'homme, sans qu'il pût rien prétendre, ni exiger au-delà, sous peine de 10 livres d'amende, excepté pourtant au temps des moissons, des aires et des vendanges, où ils pouvaient gagner 10 sols et la nourriture. Les femmes mêmes travaillant à la culture des champs, ne pouvaient exiger que 4 sols de roi ou 5 sols petits patats d'Avignon. Les maçons, plâtriers, tailleurs de pierre et autres, ne fournissant que la main-d'œuvre, ne pouvaient exiger que 20 sols par journée, sous peine encore de vingt livres d'amende, et il fallait être rendu au lever du soleil pour ne quitter qu'à l'entrée de la nuit.

On ne donnait, pour le fauchage et le labourage, que 5 sols par éminée, et il y avait une amende de 10 livres pour chaque contravention de la part de celui qui voudrait plus donner. Le même règlement portait défense aux journaliers du pays d'aller travailler l'été sur des terroirs étrangers.

On vendit cette même année aux enchères publiques les sarrasines ou grillages de fer qui clôturaient nos deux portes, et ce fut, comme nous avons dit, à Charles Marilliers, maréchal à forge de la ville de Tarascon, qu'elles furent délivrées.

Le 29 mai 1734 la demoiselle Charlotte Raoux, veuve Girard, légua à l'hôpital de Barbentane 500 francs et le chargea même d'une pension annuelle de 20 francs destinés à l'habillement de trois pauvres.

En 1735, il fut bâti et organisé à Barbentane, en face de la commune, un auditoire de justice où l'on réglait chaque jour les différends des particuliers, et où l'on accordait diverses permissions. François-Maurice Gontier, alors archevêque d'Avignon, paya, selon sa quotité, 358 livres 4 sols 9 deniers, et les plus apparens du pays, leur portion respective, pour les travaux de maçonnerie qu'exigea l'auditoire. C'est là, qu'au rapport de nos pères, on fesait subir aux coupables le châtiment du collier.

Cette peine consistait à mettre le cou du patient dans l'intérieur d'un collier où pour l'humilier on l'obligeait à passer quelques heures.

Il conste que le 7 juin 1735 le parlement d'Aix rendit un arrêt permettant aux consuls de notre communauté de porter dans les cérémonies publiques la marque consulaire qu'on nommait chaperon. C'était un mantelet de velours cramoisi, descendant de l'épaule gauche sur le côté du corps.

Nous apprenons aussi de la lecture de nos registres que, dans un conseil tenu le 25 septembre 1740, MM. les consuls exposèrent qu'on leur avait porté plainte que dans les cavités de la porte *calendrale* il se cachait souvent, même durant la nuit, des pauvres et d'autres personnes de tout sexe, ce qui était scandaleux ; que cette porte engageait la communauté dans de folles dépenses ; qu'elle empêchait souvent les charrettes d'entrer, surtout pour porter aux fours banaux le bois nécessaire, et même qu'elle était inutile, n'y ayant en ce moment point de remparts attenants ; qu'en conséquence, il fallait la démolir. Ce projet fut adopté à la majorité. Et si nous la voyons encore en existence, c'est que l'on n'osa pas l'abattre tout entière et qu'on ne démolit que les cases latérales et l'escalier intérieur.

Le 15 juillet 1748, le parlement d'Aix établit à Barbentane un changement de mesure pour le blé, le vin et l'huile et nous prescrivit l'usage des mesures de Tarascon.

En 1755 le Rhône débordant inonda nos campagnes.

En 1757 l'archevêque d'Avignon, Manzi François-Marie, exilé par le pape Clément XIV, se retira à Barbentane où il séjourna près de deux mois et demi.

Des actes font foi qu'en 1767 les droits de l'archevêque d'Avignon sur Barbentane, sur son terroir, ainsi que sur le port ou bac de Durance, étaient affermés à 1490 francs.

On ne voyait alors, depuis Georget jusqu'à la Roque-d'Acier, que grands ermas servant à l'hivernage ou au passage des troupeaux. On les nommait le chemin des carraires.

Le 7 mars 1767 le sieur Jean-Antoine de Chabert, de Barbentane, légua à notre hôpital 3600 francs, tant pour le soin des malades que pour faire dire des messes et fournir cinq prêtres à une mission devant se donner tous les vingt ans dans l'église paroissiale.

Avignon étant encore de la dépendance du Pape avant 1791, époque où par un décret de l'assemblée constituante la ville d'Avignon fut unie à la France, et Barbentane appartenant au roi, on avait eu soin d'établir des commis au bac de Durance pour surveiller et taxer les diverses marchandises apportées du Comtat, et on regardait comme de contrebande celles qu'on dérobait aux vigilans gardiens : c'était une vraie douane.

Le 4 et le 5 janvier 1768 sévit dans nos contrées un des plus grands froids qu'on eût jamais ressenti, et il paraît qu'alors on connaissait à peine la pomme de terre dans notre département. On la croyait, tout au plus, bonne à nourrir les bestiaux. Il fallut les disettes et les calamités qui affligèrent la fin du règne ne Louis XV, pour que nos bons aïeux recherchassent un mets qu'ils dédaignaient auparavant.

Originaire d'Amérique, la pomme de terre fut apportée en Europe en 1586, par un Anglais nommé Walter Raleigt, qui en offrit quelques tubercules à la reine d'Angleterre ; et en 1773, le célèbre agronome Parmentier, né à Mondidier, en Picardie, la propagea en France et en offrit un bouquet à l'immortel Louis XVI, lequel, d'après l'histoire, en para devant toute sa cour la boutonnière de son habit. Ce ne fut pourtant qu'en 1780 que l'on commença de la cultiver dans notre territoire. C'est un roulier nommé Ollier qui, le premier, l'apporta de Lyon.

C'est aussi dans ce temps que s'introduisit chez nous une des sources les plus abondantes de la richesse agricole, la culture de la garance.

Voici en abrégé la biographie de son introducteur.

Un Persan, nommé Jean Althen, ayant été pris par une horde arabe et vendu comme esclave, fut conduit dans l'Anatolie où il travailla quatorze ans à l'exploitation de ladite racine. Étant parvenu à s'évader, il vint à Smyrne, et de là, à Marseille, où, contrairement aux lois, il apporta de la graine au péril de sa vie ; il fit dans cette ville un riche mariage ; mais ses essais et ses voyages absorbèrent sa fortune.

Traversant un jour le Comtat et pressentant que le sol et le climat convenaient merveilleusement à sa nouvelle industrie, il vint s'en occuper au village de Caumont où il

séjourna de 1763 à 1764 ; et c'est de quoi nous nous ré-
jouissons. Mais ce qui nous attriste, c'est que, pour prix
de ses persévérans labeurs, dont les résultats versent plus
de 30 millions, chaque année, dans Vaucluse et nos contrées, cet industriel courageux soit mort dans un état
voisin de l'indigence, et que sa fille même, qui a vu
couronnés de succès les vastes projets de son père, ait
subi le même sort.

Voulant en quelque sorte faire oublier cet abandon et
dédommager notre bienfaiteur, nous lui dirons ici avec
un Vauclusien :

« Comment payer ton zèle, admirable Persan,
» Quand traversant les flots de l'immense Océan
» Et courant les hasards d'une vie importune,
» Aux bords de la Durance amenas la fortune ?
» Oh ! si tu renaissais en ces jours de bonheur,
» Quel bonheur, cher Althen, quel charme pour ton cœur ;
» En voyant prospérer la puissante racine
» Qui fait par ses trésors bénir ton origine !
» Oui, nous te bénissons, habile agriculteur,
» Et nous te décernons la couronne de fleur. »

De nouveaux présens apportés à Barbentane à peu près
dans ce temps, furent ceux des aubergines, des asperges
et des pommes d'amour.

Des sept moulins à vent construits sur nos hauteurs, deux datent de l'an 1772, deux de 1774, et les trois autres, le petit moulin, celui de Canade et le grand moulin établi autrefois où est la croix de mission, remontent aux années 1680 et 1690.

Il y avait autrefois à Barbentane un moulin à soie occupant un homme, trois femmes et deux bêtes de somme presque toute l'année.

Il y avait aussi au couvent une salpêtrière ou fabrique de salpêtre occupant quatre hommes et cinq bêtes de somme.

La banalité des fours à cuire le pain appartenait depuis un temps immémorial à la commune; comme ils appartiennent aujourd'hui à des particuliers, il n'est plus question de banalité.

Les hivers rigoureux de 1788 et 1789 privèrent nos aïeux au moins de cinq sixièmes de la récolte d'huile par la mortalité d'un grand nombre d'oliviers. Sur cent mille pieds existant dans nos montagnes, il en périt près de quatrevingt mille. Mais ce fut là pour eux le moindre malheur.

Nous savons tous, et ce n'est qu'à regret que nous le rappelons, nous savons tous qu'aux jours des tempêtes populaires, de plus affreux désastres consternèrent nos devanciers.

Hélas! mon cher lecteur, à Barbentane, comme partout, l'animosité des factions s'éleva à son comble; aussi chez nous comme ailleurs, des luttes interminables, des scènes atroces, des rixes, des vols, des assassinats même eurent lieu dans le pays.... Mais arrêtons-nous, et jetons un voile sur ces scènes d'horreur, d'autant plus déplorables que la majorité des hommes de ce temps et leurs destendans, ensuite, grâce aux sentimens religieux dont ils se sont fait gloire, en ont long-temps gémi et en gémissent encore.

Cependant, le 27 juillet 1793, les Allobroges vinrent d'Avignon à Barbentane dans l'intention bien marquée de mettre à leur arrivée tout à feu et à sang.

Heureusement qu'ils en furent repoussés par les flots de la multitude qui, pour les empêcher, poussa l'héroïsme jusqu'à trancher la traille du bac de Durance. Ce fut aussi un ordre secret de notre illustre maire, le général de Puget Barbentane, commandant en même temps la ville d'Avignon, qui déconcerta et fit échouer leur détestable projet. Également éloigné de partager les vœux enthousiastes des ennemis de la révolution et les desseins iniques des hommes de la Glacière, il prit, comme il le dit lui-même, des mesures sévères pour s'opposer aux efforts des uns comme des autres et pour faire triompher ses principes républicains, « principes, ajoute-t-il, que j'avais adoptés » dans l'intime conviction que le bonheur des masses y » était attaché. » Aussi, répétait-il souvent qu'il aurait voulu les graver dans les cœurs de tous les hommes par la pointe du sabre. Son enthousiasme à ce sujet et ses transports étaient tels, qu'on l'entendit s'écrier un jour, dans une vive et brûlante allocution : « Moi, Messieurs, qui » ne vois jamais l'arbre de la liberté et les rubans tricolo- » res sans un tressaillement de la joie la plus vive, je » n'ai pas bonne opinion de ces gens qui prétendent qu'à » planter un arbre de la liberté, il faudrait continuellement » deux sentinelles pour le garder. »

Toutefois, l'illustre général fut, de l'avis de tous, un officier estimable, un parfait honnête homme. Devenu maire de notre commune en des temps orageux, il y régla, ainsi qu'il l'avoue dans ses mémoires, et comme nos anciens peuvent nous l'attester, la police du dedans et celle du dehors, et fit réparer les chemins qui, avant lui, étaient impraticables.

Son père Hilaire de Puget, avait occupé les charges d'ambassadeur à Florence, et de ministre plénipotentiaire près le grand-duc de Toscane. Il était si fin et si intelligent, qu'on l'appelait par sobriquet le Renard de la session. La plus grande magnificence l'accompagnait partout ; c'est pourquoi nous apprenons qu'à son arrivée à Barbentane, en 1776, il était monté sur une voiture à six chevaux, escorté de plusieurs dépêches ou voitures de luxe et d'une livrée de quinze domestiques. C'est lui qui fit construire les nombreuses remises et diverses écuries qu'on remarque au château.

Des personnages non moins recommandables par leurs lumières, leurs vertus et leur courage, parurent à Barbentane à-peu-près dans le même temps.

Un Bourges et un Joubert, qui, bravant en héros chrétiens le feu des persécutions et exerçant secrètement les fonctions du sacerdoce, subirent, avec le plus grand calme et la plus parfaite résignation, le premier, les douleurs d'une dure captivité, et le dernier, l'exil.

Un abbé Tinet, qui, partant pour Orange avec le doux espoir d'abattre par son éloquence l'affreuse guillotine, y arriva à peine qu'il fut immolé sans aucune pitié.

Ce fut encore alors que le jeune prêtre Joubert, émigrant comme tant d'autres, se retira en Italie où, à l'honneur de soigner l'éducation de jeunes seigneurs, il joignit celui de prêcher devant des cardinaux, des évêques et des princes illustres. Devenu curé de son pays , de Barbentane même, il y exerça pendant près de vingt ans , avec un zèle infatigable , son auguste ministère. Cependant, l'archevêque d'Aix , connaissant son mérite , lui donna à choisir entre un canonicat et la cure de Saint-Remy. Le vénérable pasteur préférant ce dernier poste , prouva à ses ouailles jusqu'à l'âge de quatre-vingt-cinq ans combien il avait soif du salut de leurs âmes.

En même temps le sieur Joseph Martin , un des plus forts architectes et des plus habiles sculpteurs de la Basse-Provence , enrichissait le château de M. de Puget ; de balcons , de voûtes et d'arceaux vraiment admirables. Les personnes qui croiraient que nous exagérons n'ont qu'à les visiter et à les contempler. Ils sont , encore aujourd'hui , ainsi que la maison Guigue , des témoins éclatans du rare talent de son artiste.

Engagé de bonne heure dans l'état militaire ; le capitaine Raoux dut à sa bonne conduite et à son héroïque bravoure les superbes décorations que nous lui avons vu porter , telles que rubans , croix de la Légion-d'Honneur et Couronne-de-Fer. Devenu maire de notre commune en des temps malheureux, il empêcha bien des désordres et fit une infinité d'œuvres dont nous lui avons tous de grandes obligations.

Mais voici d'autres faits.

Le 14 août de l'an 1791 , quatre compagnies de hussards , presque toutes composées d'Allemands , n'ayant pu, à cause du désordre, entrer dans Avignon, arrivèrent à Barbentane ; aussitôt l'autorité locale alla les reconnaître et lui offrir ses services.

Le commandant, nous disent nos anciens, logea chez M. Guigue, et un officier, chez M. Joubert. Ce fut pour les habitans, au dire de nos aïeux, un spectacle inaccoutumé et ravissant que la vue de ces militaires, le lendemain surtout, jour et fête de l'Assomption où ils parurent en uniforme au cortége de Marie.

Le même jour, quelques-uns de ces hussards ayant insulté en langue allemande les filles d'un de nos aubergistes nommé Pierre Arnoux, un Barbentanais appelé Leblanc, qui avait servi en Allemagne en qualité de bon et vaillant soldat, comprenant leur malice, voulut d'abord venger l'honneur des demoiselles. Mais voyant les hussards rire de ses reproches, il va prendre son casque, son habit et son sabre, et se présentant à eux le visage enflammé : voulez-vous, leur dit-il, en parlant allemand, vous mesurer à moi ? une frayeur soudaine mêlée d'admiration les empêche de répondre. Ils refusent le défi et le Barbentanais les force d'avouer qu'ils ont grandement tort. Cependant un officier s'approche de Leblanc et lui demandant excuse lui promet de punir les imprudens soldats. Leblanc s'incline alors et dépose les armes, content d'avoir vengé l'honneur des jeunes filles.

Lesdits hussards n'ayant séjourné que trois jours au sein de Barbentane, retournèrent à Avignon pour y rétablir l'ordre.

Le 3 mai de l'année suivante, 1792, un détachement de soldats barbentanais partit du pays même pour aller dans le Comtat : arrivé à Avignon, il reçut ordre du commissaire de se rendre à Caumont. Les habitans de ce village craignant d'en être maltraités , les reçurent si mal qu'avec de l'argent même ils ne purent trouver leurs provisions de bouche ; il était minuit qu'ils n'étaient pas logés.

Vers l'an 1808 , le duc d'Orléans , connu plus tard sous le nom de Philippe Ier , roi des Français , remontant le Rhône en bateau , stationna quelques instans en face de Barbentane ; la population entière , suivie de la municipalité et du clergé du pays , vint l'accueillir en pompe au bruit des boîtes et des tambours.

L'inscription suivante portée sur notre première cloche nous indique l'époque où elle a été fondue.

« Cette cloche a été jetée en fonte par Claude Baud , à
» Barbentane , en novembre 1802. MM. Antoine Raoux ,
» Guillaume Fontaine et Claude Courdon étant fabriciens.
» *Ad majorem Dei gloriam et honorem* , à la plus grande
» gloire et à l'honneur de Dieu. »

Au-dessous , sur sa plus grande circonférence , on lit ces quelques mots :

« Le parrain a été Guillaume Joubert et la marraine ,
» dame Jeanne-Marie Sérignan , belle-fille du parrain. »

Notre seconde cloche , au timbre plus sonore et plus retentissant, annonce mieux nos fêtes et nos solennités.

Jetée au moule en 1809 , elle eut pour parrain M. et Mme Didier. On n'y lit que ces mots relatifs au patron : *Ecclesia sancti Joannis Baptistæ* , Église de Saint Jean-Baptiste.

CHAPITRE X.

En 1815, à Barbentane, comme ailleurs, de bruyans divertissemens, des acclamations, des transports et mille autres démonstrations d'une joie excessive, signalèrent l'époque de la restauration.

En 1819 le froid fut si violent qu'on passait sur les glaces des rivières comme sur un chemin.

En 1826, il s'éleva sur Barbentane, venant de la campagne où on avait mis le feu aux roseaux des étangs (ce qui les fit déguerpir.), une si grande quantité de petits animaux ailés, désignés par le nom de *Demoiseaux de Roubine*, qu'ils obscurcissaient l'air et occupaient tout l'espace compris depuis notre fontaine jusqu'au quartier opposé du nom de Saint-Joseph ; il en passa ainsi pendant plus de cinq heures.

Mais passons à des faits plus importans.

En 1827 il fut donné à Barbentane par le révérend père Benoin, missionnaire de la compagnie de Jésus, une célèbre mission : l'accent pénétrant et les paroles pleines d'onction du pieux prédicateur produisirent dans les âmes les plus heureux fruits ; l'église quoique vaste ne le fut jamais assez pour contenir la foule. Toujours plus avides de la divine parole, la plupart des fidèles n'auraient pas pris de repas pour voler au sermon ; aussi, rien d'impossible sous la voix du grand apôtre : des conversions éclatantes, de nombreuses restitutions, les plus douces et les plus fraternelles réconciliations, la confession et la communion fréquentes, tous les biens s'en suivirent : le pays tout entier sembla régénéré. Dévouement, piété solide, désintéressement, étaient choses communes ; des faits éclatans, dont la plupart de nous ont été les témoins, sont là pour le prouver. Et en effet, n'avons-nous pas vu dans l'ordre spirituel comme dans l'ordre temporel des choses surprenantes ? quelques-uns de nos frères et quantité de femmes vivant si saintement jusqu'à leur dernier jour qu'on aurait pu sans crainte les donner pour modèles ?

N'avons-nous pas vu la montagne du Calvaire qui n'était qu'un mont brut entièrement aplani , des rochers de deux mille quintaux soulevés à vue d'œil , le chemin des Stations construit , les Stations elles-mêmes élevées , la grotte du Saint-Sépulchre ou la Sainte-Baume creusée et le piédestal de la croix bâti ?

Mais aussi quelle ardeur ! Jamais , non jamais on ne verra dans les Barbentanais plus d'enthousiasme , plus de zèle et de dévouement ; cependant le grand jour de la plantation. de la croix , le 27 avril , après lequel tout le monde soupirait , arriva ; et l'office des vêpres à peine terminé , la plus belle procession , où plusieurs d'entre nous ont aidé à porter l'image du Sauveur , défila dans nos rues pour aller prendre ensuite le chemin de *Rampale* ; Dieu ! quels transports alors ! quelle vive émotion ! la vue du Sauveur étendu sur la croix , la musique guerrière , le son des cloches , la détonation des boîtes et les cris de *vive la Croix*, mille fois répétés , firent sur tous les cœurs une telle impression , qu'on vit jusqu'à des hommes pleurer à chaudes larmes. En même temps une foule d'étrangers , venus pour assister à notre auguste fête , accouraient prendre place au sommet du Calvaire. La procession rendue et la foule groupée autour du piédestal , l'immortel père Benoin prononça un discours des plus attendrissans. Ce fut donc pour Barbentane un jour de vrai triomphe. Malheureusement un changement de dynastie survenu , comme on sait , en 1830 , réveillant des idées qui paraissaient éteintes , irrita les esprits et gâta bien des cœurs.

C'est à peu près alors que nous vîmes construire sur la rivière voisine le fameux pont suspendu que nous y remarquons.

Quoique inférieur en élégance et en solidité au gigantesque viaduc construit un peu plus bas, il n'en est pas moins beau ni moins admirable.

Il est étonnant, sous bien des rapports, que la station du chemin de fer qui est établie sur le terroir de Barbentane n'en ait pas pris le nom.

Ce fut en 1833 qu'une pieuse veuve, Madelaine Chauvet, fit construire au bas de Bertérigues un petit oratoire encore en existence ; nos anciens nous assurent en avoir vu en face un autre un peu plus grand, formant la demi-lune ; ils nous parlent aussi d'un grand nombre de croix, nous disant qu'il s'en démolit plusieurs durant la révolution : la plupart de ces croix n'ayant pas été relevées, nous nous contenterons d'en citer quelques-unes.

Et d'abord il y en avait une en face du château de M. de Puget, dite la croix du jeu de ballon ou la croix de mission ; elle avait été dressée en 1760 à l'occasion d'un jubilé donné à Barbentane par le père Bridaine, un des plus éloquens missionnaires de France ; ce fut, nous dit la tradition, un spectacle bien touchant que le départ de nos pères, lesquels, la corde au cou, se dirigèrent vers le Rhône où la croix de mission, descendue de Lyon, était restée déposée.

Deux autres étaient placées aux deux extrémités du quartier Labourgade : l'une près de la tour, au chemin de la fontaine du côté du couchant, et l'autre à Bertérigues, au-dessus de la rue dite des Rocassons, nommée croix de Fernay. Sans énumérer ici toutes les autres croix qu'on remarquait au loin, nous citerons encore celle de la Belotte , celle de Jacquas , celle des Rameaux , sur la côte ; celle de la Rochelle , celle du Mas-Liven , celle de la Roubine ou la croix du Prévôt , fesant partie alors du domaine du Dayme.

On en compte aujourd'hui de seize à dix-huit.

Les voici avec leurs dates et le nom des fondateurs :

Croix de mission , 1827 , père Benoin.

Croix de Chabaud , relevée en 1821.

Croix de Bassette , 1561.

Croix du mas de Roch , Jean-Joseph Ayme , 1802.

Croix de Callamagne.

Croix de Joubert.

Croix de Saint-André , 1797.

Croix des Monaudes , Bertaud , relevée en 1804.

Croix des Espidègles , Jeanne-Marie Choulet , 1852.

Croix de Saint-Joseph , Jacques Michon , 1828.

Croix de la Chinquine.

Croix de la Ramière.

Croix de Meyer.

Croix de la Fontaine.

Croix des Veuves , Croix des Fourques et Croix de Saint-Jullien , sur lesquelles , à raison de leur site , de leur forme et de leur vétusté , nous donnerons ici de plus amples détails.

Parlons de la plus proche.

A l'est de Barbentane apparaît , sur une éminence , une petite croix qu'on nomme Croix des Veuves : l'air ambaumé qu'on y respire et la splendeur du panorama déroulé sous la vue y attirent chaque dimanche , au retour surtout de la belle saison , une foule de promeneurs ; un ciel pur et serein , un éclatant soleil nous y font voir au loin le fameux Mont-Ventoux et ses nombreux vallons tout recouverts de neige , à ses pieds les prairies , les bois et les villages du comtat Vénaissin ; Ville-Neuve et ses forts , que le Rhône sépare des tours et des clochers de la ville sonnante et l'ensemble imposant de l'auguste cité. Sur ce même tableau se dessinent encore le plus heureusement la capricieuse et vagabonde rivière que nous nommons *Durance;* un pont en fils de fer, un viaduc en pierre faits dans le dernier goût ; quatre ou cinq villages ainsi que leurs terroirs si peuplés de maison qu'on les dirait d'abord une ville rurale d'une immense étendue; ce n'est donc pas improprement qu'on a qualifié du nom de *Beauregard* la montagne voisine.

La Croix des Veuves se nommait autrefois la Croix de la Jeunesse ; les bergers y construisaient chaque année une cabane de bois où pendant que le prêtre chantait les évangiles , à la dernière procession dite des Rogations , les jeunes-gens allaient prendre une collation ; ils s'y rendaient encore la veille de la Saint-Jean pour y mettre le feu en signe de triomphe et de réjouissance ; le nom de Croix des Veuves lui vient probablement du soin que quelques veuves en prennent tous les ans.

La colonne des fourques qui , de simple pilier, vient d'être convertie en une énorme croix , servit jadis , nous dit la Statistique , de fourche patibulaire ; c'est pourquoi nos anciens , se souvenant fort bien d'avoir vu sa pareille tout près de celle-là , et sachant du rapport de leurs pères qu'il en était ainsi , partagent cet avis. Ils nous affirment même qu'on trouva près de là , en 1846, quantité d'ossemens.

Quant à la croix de Saint-Jullien , elle est située , comme

nous savons tous, à un quart de lieue nord-ouest de l'an=
cien monastère de Saint-Michel-de-Frigolet.

Ces deux monumens chrétiens que nous allons décrire,
sont les seuls dans ce département qui aient échappé aux
fureurs de 1793.

A quelques cents mètres de là apparaît triste et mo-
notone le petit hâmeau des Bouisses dont les laborieux
habitans sont si hospitaliers : la croix de Saint-Jullien
s'élève majestueuse de forme et de vétusté sur un mame-
lon de montagne dont la lisière partage les territoires de
Boulbon et de Barbentane. Sur les hautes montagnes qui
l'environnent et qui sont les ramifications septentrionales
du groupe de la Montagnette paissent en tout temps de
nombreux troupeaux de brebis ; la vallée des *Beounnes*,
au milieu de laquelle serpente un sentier qui conduit
à Boulbon, abonde en fleurs sauvages, en gras pâturages,
en sources d'eau claire que ne dessèchent jamais les chaleurs de l'été, et que la moindre pluie suffit pour ali-
menter.

Pendant l'hiver ce riche vallon, où les torrens tombent
en cascades, se conserve verdoyant à cause des nombreux oliviers centenaires qui, placés en amphithéâtre, le
peuplent dans toutes les directions.

Du pied de la croix, un point de vue unique permet de
découvrir une magnifique plaine, les mille sinuosités du
Rhône et les hautes montagnes du Gard qu'un soleil couchant dessine si gracieuses et si variées de couleurs.

Ce site, quoique désert, n'est pas dépourvu de charmes : on y éprouve une émotion impossible à décrire, des
inspirations secrètes et un sentiment mêlé à la fois d'épou-
vante et de vénération qui vous forcent de vous asseoir.

La croix est toute en pierre ; son architecture, de mauvais goût, représente le Christ d'un côté, et de l'autre, la Sainte Vierge. Au-dessus du chapiteau sont quatre écussons ou médaillons dont deux avec des figures d'animaux fantastiques à têtes de lion, et les deux autres, festonnés de glands avec chapeau de cardinal.

La pyramide est cylindrique jusqu'à la corniche et le piédestal de forme cubique, mais il va se terminant en cône à mesure qu'il s'enfonce dans le sol. Aucune légende, aucun millésime ne décèlent son origine ; on n'y aperçoit que quelques noms de vieille date que des voyageurs se sont amusés à graver avec la pointe d'un couteau. A peine si le piédestal pénètre dans la terre ; on dirait que des outils ont commencé d'en saper les fondemens et que le travail est resté inachevé. Cette croix est là comme miraculeusement suspendue ; aérienne, elle semble devoir culbuter sous le moindre coup ; cependant les ouragans et les vents déchaînés expirent à ses pieds.

De l'ignorance de sa chronologie sont nées des histoires ridicules, des croyances superstitieuses. Parmi les versions qui nous paraissent les plus vraisemblables nous choisissons celles-ci :

La croix de Saint-Jullien aurait été élevée en 1366 par Anglic Grimoard, cardinal et évêque d'Avignon, le même qui fonda notre tour, ou bien en 1316, lorsque le pape Jean XXII sécularisa le monastère de Saint-Michel-de-Frigolet. D'autres la font remonter à Charles II, comte de Provence, lorsqu'il fit faire une enquête sur les montagnes, le 8 mai 1292, pour fixer les limites entre le terroir de Boulbon et les domaines de la Couronne ; d'autres enfin, au 2 juillet 1214, lorsque le monastère de Saint-Michel-de-Frigolet et toutes ses dépendances furent cédées à Raymond Béranger. Mais toutes ces traditions ne sont que conjecturales et la vérité se perd dans l'obscurité des temps. Nous allons donc revenir sur nos pas et nous transporter à une époque moins éloignée, mais féconde en souvenirs.

Par une belle soirée du mois de juillet 1794, à l'entrée du petit hâmeau des Bouisses venait de s'engager le dialogue suivant : —Hortense, disait une grosse voix d'homme, et comme menaçante, depuis long-temps tu m'assures que tu m'aimes et pourtant tu m'ajournes toujours ; je crois que tu m'abuses !....

—Vous ne voulez point de prêtre pour votre mariage, et, qui plus est, vous avez proscrit celui qui gardait la foi catholique à Barbentane, murmura une voix suave et pleine de candeur. Vous savez que fidèle à la religion chrétienne je n'ai pas apostasié comme vous, Jacques, je suis catholique, moi, et je mourrai catholique...

—Et si j'allais te haïr, te retirer ma protection, ne plus te vouloir pour ma femme !...

—Jacques, vous entreriez dans mes vues.

—Est-ce que tu ne m'aimes pas, Hortense?

—Non.

—Pourquoi, s'il vous plait?

—Vous osez me le demander? comptez-vous pour rien toutes vos atrocités envers les nobles, vos déprédations, vos sacriléges dans les églises, que sais-je encore?

—C'est vrai; mais pour l'amour de vous, Hortense, et sur vos instances, j'ai fait respecter votre père, votre ferme, la riche chapelle de la Vierge de Saint-Michel-de-Frigolet et la croix de Saint-Jullien à laquelle vous tenez tant.

—Je vous en ai obligation et je vous remercie ; toutefois,

je ne serai jamais votre femme ; il y a trop de crimes sur
votre conscience : cette barrière nous sépare.

Un excès de rage fait grincer les dents du jeune libertin
qui réplique aussitôt :

—Eh bien, ta ferme sera incendiée ; ton vieux père,
fusillé ; Saint-Michel, détruit ; et ta belle croix de Saint-
Jullien, renversée demain, pour commencer.

Le lendemain, dès la pointe du jour, bien que le temps
fût sombre et promît de la pluie, Hortense, suivant son
habitude, était au pied de la croix autour de laquelle folâ-
traient ses agneaux.

Deux hommes y arrivèrent presque en même temps
portant des instruments de démolition.

A l'instant une voix qui n'était pas celle de Jacques s'é-
crie :

—Bon ! la victime au bas de la croix ; rien ne manquera au sacrifice.

Jacques reste frappé de torpeur.

—Comment, tu faiblirais devant l'hypocrisie d'une vile
créature ; je ne te reconnais plus là, citoyen ; tu dégénères.
Il n'y a qu'à lui fendre la tête d'un coup de cette pioche...
et si le courage te manque...

Le bras s'était levé pour frapper. Jacques retient le coup,
des larmes mouillent ses yeux...

—Je ne sais, dit-il, quel trouble involontaire m'agite,
mes membres se crispent.... J'étais venu pour démolir cette
maudite croix et je sens maintenant ma résolution chan-
celer. La vue de cette femme me fascine, elle enchaîne
toutes mes volontés.

—Lâche, laisse-moi faire, — riposte au même instant

son féroce compagnon , en contractant ses lèvres d'un sou-
rire infernal.

—Ah! de grâce , arrête. Point de meurtre....

Cependant l'orage commence à mugir avec violence, le
vent devient furieux , le tonnerre sur les hautes montagnes
éclate avec un fracas que les échos répètent d'une manière
épouvantable. Dans le lointain les flots du Rhône soulevés
par la tempête se brisent sur ses bords ; la tourmente était
alors dans toute sa furie.

Au pied de la croix, silencieuse, les cheveux épars,
confiante dans l'avenir, la vertueuse Hortense était restée en extase, étrangère à ce désordre et à tout ce qui se
disait et se passait autour d'elle. Dieu ! qu'elle était admirable sous son blanc costume de bure ; il y avait dans sa
pause quelque chose de mystérieux et de sublime ; on eût
pris la bergère pour une de ces belles statues de marbre
qu'on rencontre dans les temples saints. Pure et sans tâ-
che, elle attendait le dénouement... Cependant le farouche
camarade est revenu sur ses pas... Jacques a entendu
comme le cri plaintif d'une femme qu'on égorge ; son oreille
n'a plus rien ouï que le bruit de la foudre, ses yeux
n'ont rien vu autre qu'une atmosphère noire et lugubre
qui, comme un drap mortuaire, enveloppait les montagnes.—Fuyons, fuyons, mes amis, s'écrie alors Jacques
en cherchant à entraîner ses complices ; n'entendez-vous
pas la voix de Dieu?... Et le misérable s'élance tout trem-
blant sur le premier chemin qui conduit à Barbentane.

Le lendemain arriva le 9 thermidor (28 juillet 1794).
Un cri de joie et de bonheur se répandit dans nos contrées ;
la chute de Robespierre venait d'apporter quelque repos à
la France ; et la croix de Saint-Jullien, heureusement con-

servée, inspire encore aujourd'hui un religieux respect à tous les voyageurs qui passent près d'elle.

Mais quel fut donc le sort de la vertueuse Hortense? les uns prétendent que cette pieuse vierge cimenta de son sang la croix de Saint-Jullien, et que son cadavre horriblement mutilé fut trouvé, quatre jours après ce drame, dans une des gorges profondes de la vallée des Beounnes. D'autres assurent que pendant l'orage cette fille, qui n'était autre qu'un esprit céleste sous une enveloppe mortelle préposé à la garde du monastère de Frigolet et de la croix de Saint-Jullien, remonta au Ciel d'où elle était descendue, et que ni son cadavre ni son père n'ont été retrouvés nulle part. Quant à Jacques, le malheureux amant, il revint franchement à Dieu, converti sans doute par un si frappant spectacle.

SAINT-MICHEL-DE-FRIGOLET.

Peu de monumens dans la Basse-Provence produisent à la vue tout comme à la pensée de ceux qui les visitent de plus frappantes impressions et de plus heureux effets que

Saint-Michel-de-Frigolet. Aussi ne saurions-nous trop inviter nos lecteurs à aller contempler ce site vénéré; puisse la description que nous allons en faire leur en inspirer l'idée.

Ainsi que le décrivit dans son modeste prospectus de 1839, le sage directeur de l'établissement qu'il venait d'y fonder, c'est au diocèse d'Aix, sous le beau ciel de la Provence, entre Avignon et Tarascon, que s'élève encore aujourd'hui, non moins respecté par la main du temps que par l'affreux vandalisme du dernier siècle, l'antique monastère de Saint-Michel-de-Frigolet.

Son église, à deux nefs, de style gothique; son beau cloître; de vastes salles, d'immenses corridors, de grands dortoirs, propres et bien aérés; plusieurs cellules; de superbes terrasses, de jolies promenades champêtres; une cour intérieure, un jardin, un bosquet; une source abondante; l'air embaumé qu'on y respire parmi les plantes et les arbres de toute espèce qui y croissent en abondance et parfument la contrée de leurs suaves odeurs, tout atteste la noblesse de son origine et la piété de nos pères; tout en fait un monument précieux par son antiquité et un séjour des plus agréables.

Son auguste fondateur, fuyant les joies contagieuses des cités, vint au XI siècle s'y consoler avec Dieu seul des injustices des hommes et méditer, dans la prière, la retraite et le silence, les jours de son éternité : et c'est ce que le pieux cénobite ne pouvait mieux nous exprimer qu'en gravant sur sa porte les quelques mots suivants : *Ecce, elongavi fugiens et mansi in solitudine quoniam vidi iniquitatem et contradictionem in civitate*, voilà que dans ma fuite je me suis éloigné, éloigné tant que j'ai pu et suis venu dans la solitude fixer ma demeure parce que je n'ai remarqué dans le monde qu'iniquité et que contradiction. Grand et sublime texte dont jamais et en aucun lieu du monde l'application ne se trouvera plus juste. Il suffit, en effet, de s'y porter une fois pour en convenir tout de suite.

On trouve encore gravée sur un des piliers du cloître l'inscription que voici :

I. H. S. M̃ W.

Le 2 mai 1588, Mourise Bougnet, fesant quarantaine au présent lieu, Dieu vienne à nostre aide et nous velhe garder de la maladie contagiuse et veulhe donner à notre ville de Tarascon la santé et à tous seux qui ce présent échrist liront.

Ainsi soit-il. — Amen.

On remarque aussi sur le côté gauche de la porte d'entrée de la grande église une pierre tumulaire où sont gravés les nom et prénoms d'une religieuse de Tarascon.

Enfin on découvre à Saint-Michel-de-Frigolet les glorieux restes de plusieurs grands et saints personnages, entre autres, ceux du célèbre Thomas de Tulles de Villefranche, décédé en 1660, chevalier non moins recommandable par ses éminens services rendus à l'église et à l'état, que par sa rare piété et sa profonde érudition. Envoyé plusieurs fois en ambassade auprès des souverains pontifes et des rois très-chrétiens, Thomas de Tulles, comme on peut le voir par l'épitaphe écrite sur sa tombe, compta dans sa famille neuf chevaliers de l'ordre de Malte et connut trois évêques.

D. O. M. *Siste, viator et lege.*

Hic jacet Thomas de Tulles de Villefranche, patricius Avenionensis undè publicæ libertatis amantissimus, vir nobilissimus, cùm pro dignitate equestri, novem retrò superstes familias melitæ numeravit.

In omnibus sagacissimus, hinc apud summos pontifices et reges christianissimos commune nomine legationes feliciter obivit, pietate et religione observantissimus, undè tres agnovit suæ cognationis episcopos ET MIRARE.

Rebus tandem publicis defessus obdormivit in Domino et cùm patriam recipere vehementer optaret, cœlum libentissimè voluit excipere, anno domini 1660, mense augusto, die XXII, ætatis suæ 60. Quapropter, dominus Joannes de Tulles, ejus filius, paternos cineres credidit Augustinianis discalceatis in hâc fercoletensi ecclesiâ commorantibus.

On voit au-dessous de ladite inscription le buste du défunt en pierre blanche, portant belle chevelure et corsage distingué.

Malheureusement l'auguste monument éprouve depuis quelque temps de si fortes dégradations qu'il est méconnaissable et l'épitaphe même presque inintelligible.

Pour reprendre de plus haut nos relations historiques au sujet de Saint-Michel, nous rappellerons ici ce que nous avons dit en parlant de la croix dite de Saint-Jullien ; qu'en 1244 le monastère de Frigolet avec ses dépendances fut cédé à Raymond Béranger, et qu'en 1316 le pape Jean XXII le sécularisa ; enfin, nous apprenons qu'en 1652 l'archevêque d'Avignon porta un arrêt contre les Augustiniens déchaussés de Tarascon, lesquels, sans doute, habitaient Frigolet. Une sentence gravée sur pierre, trouvée dans la grande église, et le sceau en laiton dont se servaient ces frères, nous attestent encore qu'ils avaient là leur résidence. Ce sceau ou cachet ayant la forme d'une médaille représente un saint personnage les mains étendues, dans l'une desquelles on remarque un livre ouvert, et dans l'autre, un cœur enflammé ; on y lit tout autour cette abréviation : † PR. R. FF. DISCAI. S. AUG. CON. S. MICHA. DE FRIGOIET. *Congrégation des révérends frères déchaussés de l'Ordre de St.-Augustin de Saint-Michel-de-Frigolet.*

Ce fut de cette illustre abbaye que Louis XI tira les premiers chanoines de l'église Sainte-Marthe de Tarascon, dont le Doyen *Bertrand*, nommé par le pape Jean XXII, grand archidiacre de l'église métropolitaine de la ville d'Avignon, porta constamment le titre de prieur de Frigolet.

Raymond, quelque temps après, dota ce monastère des plus grands priviléges.

Enfin, il est mentionné, dans les archives de Tarascon, qu'en 1720 le savant antiquaire M. de Caylus, gouverneur de la Provence, y établit le siége de son gouvernement.

On remarquait jadis autour de son enceinte plusieurs cellules en forme d'oratoires, et, ce qui doit pénétrer le curieux touriste du plus profond respect, c'est que l'on a trouvé et nous avons vu nous-même dans les caveaux de la grande église plusieurs têtes de morts, précieuses reliques des vénérables frères décédés en ce lieu. L'auguste monastère a vu aussi s'élever dans son sein à diverses reprises une intéressante jeunesse. Quelques-uns de nos pères se souviennent encore d'y avoir fait leurs études avant 1789.

Parmi les restes qu'on y découvre encore et qui rappellent de nombreux souvenirs, on y admire des bassins, des voûtes, d'immenses caveaux, des grottes et des oratoires. Mais ce qui est bien plus merveilleux, c'est une magnifique chapelle dédiée à la Sainte-Vierge, et conservée pure et intacte comme celle à qui elle est consacrée. On a voulu nous assurer que sa construction fut la réalisation du vœu d'une comtesse. A la vérité trois fois les iconoclastes du dernier siècle tentèrent de détruire ce magnifique monument; mais trois fois une main invisible, la main du Tout-Puissant, arrêta leurs bras impies. En effet, nous tenons de source bien certaine, du fermier lui-même qui avait encombré de fagots le porche ou vestibule antérieur, que des malfaiteurs, dans un moment de crise, étant venus pour la dévaster, il leur dit : vous perdez votre temps; la chapelle est détruite, il n'y a plus rien, et les brigands se retirèrent.

C'est donc par suite de ce prodige qu'il nous est encore permis de contempler, entre deux colonnes torses au fond de sa gracieuse église surchargée de dorures, une statue de la Vierge de grandeur naturelle d'une rare beauté.

Quoique les fidèles des paroisses voisines conservassent pour cet auguste sanctuaire la plus profonde vénération et y vinssent souvent en procession ou en particulier satisfaire leur dévotion, ce que les Barbentanais et les Gravesonnais ont fait plusieurs années, enrôlés sous leur bannière, quelquefois même nu-pieds, l'abbaye adjacente n'ayant pour habitant qu'un simple propriétaire, l'église de Marie était comme abandonnée.

En 1837, quelques émigrés politiques, prenant le costume de Bernardins, prétendirent y fonder un nouveau monastère ; mais le défaut de ressources les fit bientôt quitter. Il s'y établit pourtant au départ de ces frères une maison d'éducation où se trouvait un prêtre spécialement chargé de la partie religieuse. Les offices dès-lors y furent célébrés avec une grande pompe et un saint recueillement.

Nous n'avançons rien ici dont nous n'ayons été témoin nous-même durant près de deux ans, et nous aimons à donner aux élèves qui ont fréquenté la maison les éloges qu'ils méritent. Animés d'un zèle et d'une piété solide, et doués des plus heureuses dispositions, les jeunes lévites communiaient fréquemment, fesaient dans les sciences de rapides progrès, et pour charmer l'oreille des personnes pieuses qui venaient, le dimanche, assister aux offices, ils exécutaient parfois des grand'messes en chœur avec accompagnement de divers instrumens. Oh ! le doux, l'heureux moment alors pour nous tous assistans !... La modestie des jeunes pensionnaires, la beauté ravissante de l'image de la Vierge, l'éclat resplendissant des colonnes torses dont elle est environnée, la richesse des dorures, le spectacle des principaux traits de la vie de Marie peints sur toile par quelque habile artiste, et la pensée que nous étions au désert dans un riant vallon, tout excitait dans l'âme une émotion impossible à décrire. Malheureusement ce pensionnat qui allait progressant et promettait merveilles, ne tarda pas à décliner et à s'éclipser même faute d'une administration assez intelligente. Saint-Michel-de-Frigolet est donc redevenu, comme il était auparavant, un lieu de pélerinage pour les pays voisins.

Notez qu'en 1847, les habitans de Barbentane, de Graveson et de Boulbon s'étant unis un dimanche pour une partie de chasse, y tuèrent un gros loup qui causait dans les environs le ravage et l'effroi, et, le portant sur un brancard, ils vinrent dans nos rues le promener en triomphe.

APPENDICE

SUR SAINT-MICHEL-DE-FRIGOLET.

Ce fut *vers le milieu du* 10eme *siècle* que les Moines de Montmajour-lez-Arles recevant de Guillaume 1er, comte de Provence, des concessions territoriales sur les collines de Boulbon, y établirent le monastère de Frigolet, ainsi nommé, de *Fertilis collis*, de *Fretta*, de *Frigus*, ou même de *Ferigoule*.

Bientôt après les Moines de Frigolet ayant entrepris le dessèchement du terroir de Boulbon, furent en cela secondés par les comtes d'Avignon.

En 963, le 6 des ides de décembre, l'empereur Conrad confirma aux Moines de Montmajour tous leurs biens, entre autres Frigolet.

En 1155, Adrien IV confirma à l'évêque d'Avignon, Geoffroi, la jouissance du prieuré de Frigolet.

En 1183, Sanctius, vice-roi de Provence, donna des priviléges aux Moines de Frigolet.

En 1184, Raymond IV. comte de Toulouse, prit sous sa protection les prêtres de Frigolet.

En 1190, Hugues des Baux, vicomte de Marseille, et Barrale, sa femme, donnèrent aux prêtres de Frigolet la franchise sur leurs terres du Bourg-Neuf à Arles.

En 1210, Pierre II, abbé d'Ulmet, accorda à Raymond, prêtre de Frigolet, l'auberge du Bras Submergé, *Albergam de bracchio immerso.*

La même année, Raymond, successeur dudit Pierre, investit le prieur de Frigolet du droit de mener paître dans la forêt d'Albaron.

Et en 1250, Raymond, abbé de Montmajour, céda à l'évêque Bernard, prieur de Frigolet, la franchise de tous droits, et reçut en échange 50 livres tournois.

En 1309, l'évêque d'Avignon confirma l'élection du prieur Bertrand à la place de Guillaume de Boulbon, décédé.

En 1316, les chanoines de Frigolet furent unis au chapitre de Notre-Dame-des-Doms d'Avignon, et on créa l'archidiacre de Saint-Michel-de-Frigolet.

En 1481, le chapitre de Notre-Dame et celui de Frigolet furent sécularisés.

— 184 *quater* —

En 1495 parut une bulle de Jullien de la Rovère qui unissait les biens de Frigolet à la Mense capitulaire de Sainte-Marthe de Tarascon.

Enfin, en 1662, furent fondés à Frigolet par M. de Forbin Lagoy, grand archidiacre d'Avignon, les ci-devant Augustiniens déchaussés.

CHAPITRE XII.

Un des plus beaux travaux exécutés tout récemment sur notre territoire, est sans contredit la digue ou *pallière* de M. Auguste de Puget, marquis de Barbentane. Ce fut en 1834 que ce digne propriétaire fit commencer à ses frais un ouvrage si important. Il ne s'agissait de rien moins que de faire dévier une branche du Rhône assez considérable pour en empêcher les ravages sur le bord inférieur et pour gagner ainsi l'espace qu'occupait le lit de cette branche, cent salmées de terrain. A cet effet, il fallait, au moyen de charrettes et de bateaux chargés, déverser dans

un courant rapide des masses de rochers, combler de
rocs et de dalles l'énorme profondeur, et au niveau de
l'eau élever une digue longue de six cents mètres, large
de plus de cinq et haute au moins de quatre au-dessus de
l'étiage. Encore le propriétaire-entrepreneur voulait-il
ajouter à son élévation. C'est pourquoi, pendant près
de deux ans, plus de cinquante charrettes apportaient
journellement, du quartier de Pendieu, cinq dalles, chacune du poids de trente à quarante quintaux. Dix, vingt,
quelquefois trente hommes, non compris les carriers,
étaient constamment occupés au chargement et au déchar-
gement de ces énormes pierres que l'on consolidait ensuite
avec du ciment.

Le travail à moitié fait, le propriétaire-entrepreneur reconnaissant que l'ouvrage n'était pas dans les formes ni
à l'endroit précis où il le destinait, vu qu'il pouvait gagner
un plus vaste terrain, le fit recommencer et terminer ensuite deux cents mètres plus haut, ce qui lui occasionna
de plus fortes dépenses. Le prix de la construction et de
la reconstruction d'une si forte digue peut s'élever au moins
à trois cent mille francs. C'était donc de la part d'un seul
propriétaire ou simple particulier une œuvre colossale.
Mais ce qui relève davantage la gloire du marquis, c'est
qu'un sentiment d'humanité présidait à ses œuvres.

Peu de temps après, le gouvernement, de concert avec
M. le Maire de la commune de Barbentane et MM. les Syndics, firent exécuter sur la rive gauche du Rhône ces redoutables et indestructibles fortifications qu'on nomme *calledas.*

Celui qui, comme nous, voudra les apprécier, n'a
qu'à considérer attentivement ce qu'ont dû coûter ces

immenses travaux , continués avec soin d'Avignon à Arles , sans oublier les énormes dépenses qu'occasionna en
1840 la fermeture de la brèche de Boulbon. Ce sont là ,
vraiment , des ouvrages prodigieux.

Le cimetière du Séquier étant reconnu trop petit pour
la population et les cadavres anciens se trouvant bien souvent en état de putréfaction à l'endroit même où on allait
enterrer , il fut décidé en conseil et sur l'avis du curé ,
qu'on le transférerait à côté du Calvaire. Le propriétaire
du terrain l'ayant cédé dans ce but , on en construisit
les murailles en 1833 , et on y commença tout de suite
les premières fosses.

Quelques pierres tumulaires et quelques tombeaux remarquables en décorent l'enceinte.

La translation solennelle des ossemens du cimetière du
Séquier à celui du Calvaire, dont il est ici question , ne
s'est effectuée qu'au mois de février 1851.

Il était d'usage autrefois d'enterrer dans l'église où chaque famille aisée possédait son tombeau ; il était aussi d'u-
sage qu'aussitôt après le décès d'un homme ou d'une
femme , le fossoyeur allait à la maison du défunt demander aux parens le nombre de manteaux qu'ils désiraient
porter , et , sur la remise qui leur en était faite , ils les revêtaient tous un peu avant l'enlèvement du corps , qu'ils
accompagnaient ensuite au lieu de la sépulture. Notez que
la confrérie de Saint-Jean , notre patron , jouissait des
revenus que produisait dans l'année la distribution de ces
quelques manteaux.

Un fléau terrible , le choléra , fit de tels ravages à Barbentane en 1835 , qu'en moins de trois semaines il périt dans cette commune soixante et dix personnes ; aussi vit-on la population émigrer à grand'forces : les rues du pays étaient presque désertes.

Notre ancien Hôtel-de-Ville , insuffisant au service de notre administration , reconstruit depuis peu , n'avait de remarquable qu'une tour demi-circulaire , servant de case à un grand escalier. Aussi a-t-on voulu , en bâtissant le nouvel édifice en 1838 , la conserver intacte et même l'embellir. On y a fait graver en 1846 les armoiries de la ville , consistant en une tour surmontée d'un agneau. C'est donc aujourd'hui un bâtiment dans le goût moderne , fort propre et fort joli. La salle du conseil surtout est fort bien décorée.

En 1839 , M. Ducommun , horloger d'Avignon , remonta notre horloge.

Une terrible inondation eut lieu dans nos campagnes les 4 et 5 novembre 1840. Les eaux semblaient alors avoir juré notre destruction : on ne voyait flotter au-dessus de sa surface que meules de paille , arbres déracinés , denrées , meubles , animaux de tout genre ; c'était un spectacle à nous glacer d'effroi. Heureusement qu'au moyen de radeaux et de barques on put porter secours aux pauvres campagnards , captifs pour la plupart dans leurs chambres ou leurs greniers. De nombreuses souscriptions furent bientôt ouvertes, et avec les secours que le gouvernement daigna nous accorder, on put indemniser quantité de familles. Honneur et grâces infinies à toutes les personnes qui, des pays voisins comme des pays lointains, secoururent leurs frères !

Jamais peut-être débordement de fleuves n'avait réduit nos pères à d'aussi grands besoins. Et à ce sujet nous apprendrons au lecteur que les plus grandes inondations, de mémoire d'hommes, traditionnelles ou historiques, avaient eu lieu, d'abord en 1226, le 17 septembre; en 1338—1346-1352—1353 ; au mois de mai 1358; au mois de novembre 1362, époque où les remparts d'Avignon furent abattus depuis la porte Limbert jusqu'à celle de Saint-Michel ; —1375, repère des Pénitens-Gris;—1433, 30 novembre ; — 1471, deux arches du pont Saint-Bénézet renversées et une partie des remparts du côté du Limas ; — 1544, au mois de novembre, — 1548, 12, 13 et 14 novembre, repère de Villeneuve ; — 1565, en novembre ;—1570, 5 décembre ;—1581, 25 août. L'inondation avait cessé le lendemain 26.—1590, repère des Pénitens-Gris.—1669, destruction du pont de Saint-Bénézet.—1674, 12, 13, 14, 15 et 16 novembre.—1679, 29 septembre ;—1694, 25 novembre ;—1706, 12 mars ;—1745, 5, 15 et 21 novembre; —1755, 30 novembre, dura sept jours ;—1791, où l'on nous affirme qu'on perdit à Barbentane plus de cent mille livres.—1801, 24 mai ;—1810, encore au mois de mai ;—1827, 10 octobre;—1836, fin octobre ;—1840, 30 octobre et 4 novembre. On peut dire que cette dernière a été la plus désastreuse : les neuf dixièmes d'Avignon se virent submergés ; l'eau, nous dit-on, s'éleva cette fois à plus de 80 centimètres au-dessus du niveau de 1755.—1841, 25 octobre

Les rivières donnant au Rhône cette prodigieuse masse d'eau sont, comme nous avons dit, le Doubs, la Saône l'Isère, la Drôme, l'Ardèche, l'Aygues et l'Ouèse, les courants de Vaucluse, la Sorgue et la Durance, toutes grossies par des pluies torrentielles ou la fonte des neiges.

La partie de notre territoire qui est ainsi exposée aux ravages des fleuves, est toute la plaine du nord et même du nord-est, contenant environ 1310 hectares.

Les ouvrages faits anciennement par les Chartreux sur la rive droite, lesquels furent continués par M. de Janson ; la négligence des habitans de Rognonas à réparer leurs *paillères* au-dessus de leur terroir, et l'impossibilité de se défendre contre la fureur des eaux, attendu qu'il n'y avait point encore de mesures prises par le gouvernement, tout concourut long-temps à la diminution de nos propriétés, de sorte qu'en 1812, la commune de Barbentane avait déjà perdu près de deux cents hectares de son meilleur terrain, au point que les lits du Rhône et de la Durance se trouvaient en totalité sur notre territoire, et de 1812 à ce jour, quel immense domaine ne nous ont-ils pas rayé ? Néanmoins, depuis que les syndicats de Barbentane ont fait, conjointement avec le gouvernement, des *calledas* sur la rive gauche du Rhône et de fortes réparations aux bords de la Durance ; depuis surtout qu'on a construit sur ladite rivière le grand pont en pierre où passent les wagons, le danger est bien moindre ; et, ce qui doit nous rassurer, c'est que, conformément au concordat passé en 1623 entre les cours de France et de Rome, et d'après les devis dressés à cet effet, on a commencé et on finira sans doute d'en réduire les eaux par une ligne d'endiguement jusqu'à leur confluent.

Le Rhône est navigable dans toute sa partie riveraine : il y montait jadis grand nombre d'équipages composés chacun de cinq ou six barques traînées le plus souvent par cinquante à soixante chevaux, quelquefois par des bœufs. Ils fesaient halte aux auberges établies sur ses bords et procuraient au pays, par leur consommation, d'assez bons revenus.

Il descend encore, notamment au temps de la foire de Beaucaire, des barques, des radeaux et beaucoup de bateaux à vapeur.

On remarque sur la rive gauche du Rhône, en face de Barbentane, une île bocagère où l'on peut en été goûter les plus doux charmes : les bords de la Durance ne sont ni moins riants, ni moins délicieux.

Outre ces grands courants, le bourg de Barbentane compte aussi trois roubines, dites du Claou, de Carrières et de la Rebute. Réunies toutes les trois au-dessous de Barbentane, leurs eaux y font mouvoir un moulin à farine et vont bientôt après se jeter dans le Rhône.

Se trouvant malheureusement à un niveau plus bas que celui de la plaine, elles ne sont d'aucun usage pour l'arrosage ni pour des usines. Elles exigent néanmoins pour leur curage et leur entretien de très-fortes dépenses.

Il n'y avait autrefois que la roubine des Brassières et la roubine vieille ; mais les eaux inondant sans cesse les terres, on en fit une nouvelle tout le long des quartiers de la Rebute, de Saint-Joseph et de Gallino-Grasse.

D'après un acte que nous avons en mains, et que passa, le 11 août 1668, le notaire Martin, il conste qu'il y eut accord entre la communauté de Barbentane et messire Paul-

François de Puget du Réal, chevalier de Cabassolle, seigneur de Ramatuelle, possesseur du moulin à blé près du Bousquet, pour la construction d'une nouvelle roubine qui prendrait son commencement au pont qui est sous les Roques et se continuerait tout le long des terres de Galline-Grasse et de celles de Mondragon, pour de là se jeter dans le canal du moulin.

Notre communauté et M. de Puget s'obligèrent à y intervenir pour la moitié chacun, les ponts à faire restant aux frais de ladite communauté, et le curage de la nouvelle roubine toujours aux frais du maître du moulin, tant que le moulin existerait, à tel point que la commune pourrait lui ôter l'eau du moulin et la faire passer dans la roubine des Brassières, s'il manquait de la faire curer.

Nous avons d'autre part un acte, passé à Aix le 11 juin 1698, notaire d'Albes, et vendu plus tard à maître Boyer, audit Aix, 1755, attestant qu'il y eut transaction entre la communauté de Barbentane et M. de Puget de Cabassolle, pour la fixation de la rebute ou martellière et le recurage de la lone, depuis l'embouchure de la vieille roubine jusqu'au Rhône, lequel devait être fait par la commune, de six en six ans, une fois seulement dans l'année.

Il fut convenu aussi que la rebute ou martellière que ledit seigneur de Cabassolle ou les fermiers de son moulin avaient faite vers l'embouchure du canal, portant l'eau audit moulin, serait abaissée et réglée d'une hauteur convenable, et par un règlement de pierres fixes dont le devant et le derrière seraient pavés, le tout à frais commun, qui ne pût pas être changé, et de façon que les eaux pussent passer par-dessus d'un travers de doigt et demi, auquel règlement serait fait un trou d'une largeur modérée pour être ouvert seulement en cas de sécheresse , et donner de l'eau au canal inférieur quand il en manquerait.

On appela ce trou : Tête-de-Chat.

Notez que les particuliers ont toujours eu le droit de puiser de l'eau auxdites roubines pourvu qu'ils ne la divertissent pas du moulin inférieur.

Il vint à Barbentane , en 1843 , près de trois cents Espagnols , la plupart émigrés politiques pour la cause de don Carlos , à l'occasion du terrassement qu'on fesait d'une digue sur la ligne du chemin de fer d'Avignon à Marseille.

En même temps deux gracieuses tours s'élevèrent dans nos murs par ordre et sous les yeux de M. de Robin , qui voulut transformer la maison paternelle en élégant château. Leur hauteur égale , leur forme légère et élancée , et surtout l'élégance de leur bordure supérieure , les font admirer. Il existe au-dessous une large terrasse séparant le corps de logis du jardin inférieur , tout planté d'arbres verts. Ce parterre , dont tous les sentiers bordés de fleurs sont si bien distribués , offre aux promeneurs un spectacle ravissant. En suivant les nombreuses sinuosités de ce labyrinthe de verdure , on arrive , sans s'en douter , au sommet du grand parc. Là on rencontre une magnifique chapelle dont la délicate campanille s'élance dans les nues. Ce beau monument est d'autant plus intéressant que c'est un artiste du pays (Rifflard) qui , sans autre principe qu'un goût exquis , l'a fait exécuter. Au-dehors , la façade , le portique , le parapet supérieur et ses deux campanilles ; à l'intérieur , la voûte , l'autel , tout est de belle exécution et digne d'être observé. Mais , si l'on descend quelques mètres plus bas, un riche pavillon, orné de quatre portes et surmonté d'une tourelle aux croisées élégantes se présente aux regards, de même qu'un joli labyrinthe formé par un bosquet de pins et d'arbres verts et au-dessous une superbe voûte longue de plus de quarante-cinq mètres, laquelle fournit passage aux personnes qui veulent, sans faire un trop grand détour, grimper sur la montagne. Cette grotte me porte à vous citer une curieuse chronique à laquelle jadis bien des gens eurent foi.

Une vieille sorcière, appelée *Chaoucho-Vieillo*, habitait, nous dit-on, un grand souterrain, sis à côté du barry, au-dessus duquel s'élève le tunnel ou la voûte en question. Elle avait, de mémoire d'homme, la singulière habitude de s'initier à toutes les affaires de famille, de les régler ou de les embrouiller à son gré, sans que personne osât y mettre obstacle. Le téméraire qui aurait eu l'audace ou la hardiesse de manifester, la veille, des idées ou opinions contraires à celles de la sorcière, eut été trouvé étranglé le lendemain. La fée avait droit de vie et de mort; elle ne sortait qu'à minuit de sa sombre caverne. Rencontrait-elle un jeune homme, doucement elle le prenait par la main et le conduisait à la belle dont il voulait se faire aimer. Était-ce une jeune fille qui tombait sous ses pas, elle la livrait à son amant. Mais si elle voyait se glisser dans l'ombre une femme mariée, elle l'égorgeait sans pitié et foulait aux pieds son cadavre.

Depuis que la Chaoucho-Vieillo a disparu, les garçons l'implorent, les filles la regrettent et les femmes s'en réjouissent.

Il existait aussi à l'un de nos quartiers qu'on nomme le Piélon , un pilier remarquable , dit le *Piélon des Masques*, à cause , nous dit-on , qu'il y venait la nuit des bandes de sorciers folâtrer à l'entour. On nous affirme même qu'un fermier du Mas-Liven passant tout près de là à l'heure de minuit , fut bien surpris d'y voir de pareilles orgies. Invité par la troupe à prendre part aux divertissemens et recevant d'un homme qui voulait le faire boire , une tasse d'argent ; Jésus, Marie, Joseph ! s'écrie t-il d'abord, qu'est-ce donc tout ceci ? quelle scène d'horreur ! A ces mots redoutables , les sorciers disparaissent, poussant, dans leur soudaine et mystique évasion , un long ricanement. Resté seul et comme stupéfait , il ne sait comment a pu se produire cette invisibilité. Que faire de la tasse qu'il tient encore à la main ? la jettera-t-il au vent ?... non , il l'emporte en frissonnant, et regagne sa demeure en proie à mille pensées sinistres. Arrivé chez lui, il tombe en défaillance , et ne reprend connaissance que pour éprouver d'inexprimables terreurs. Le lendemain au matin , un inconnu l'aborde , lui fait rendre la tasse et l'oblige à jurer de ne rien dévoiler.

En 1843 furent construits , à Barbentane , un nouvel abattoir et de jolis lavoirs.

Mais il est temps de mettre un terme aux notions archéologiques que nous avions à donner touchant notre Commune, et assurément nous ne saurions mieux le faire qu'en faisant remarquer ces nombreuses bastides élevées dans nos champs depuis quelques années , et en particulier, cet

deux belles *Villas* ou maisons de plaisance aux riants bel-
véders, sises tout près de nous. Leurs ornemens extérieurs
et l'heureuse distribution des pièces intérieures flattent l'observateur.

Quoique beaucoup plus simples et de forme ordinaire,
les autres métairies n'en sont pas moins jolies ; car elles té-
moignent hautement de l'aisance et du bont goût qu'eurent
leurs premiers maîtres à les rendre à la fois agréables et
commodes. Aussi, sont-elles toutes dans un parfait rapport avec les besoins de ceux qui les habitent.

Le touriste enfin qui désire explorer tous les lieux remarquables, peut aller visiter, dans un de nos quartiers
qu'on nomme la Rebute, une grotte spacieuse toute creusée
dans l'épaisseur du glaise, et dont la voûte plate a, comme
le local inférieur, quinze mètres carrés.

Ce lieu vaut bien la peine d'être considéré.

Les derniers faits qu'il nous reste à citer, sont les tempé-
tes populaires ou les altercations soulevées parmi nous par
la dernière république, et l'excellent usage que fit bientôt
l'Église du calme renaissant. — En effet :

Les élections communales qui suivirent la chute du roi
Louis-Philippe, furent pour Barbentane une occasion de
trouble. Mais nous devons ici ménager l'amour-propre.

Les justes prétentions d'une majorité frustrée dans son
attente et le pouvoir exécutif dont jouissait alors le parti
opposé, mirent notre commune dans le plus grand danger ; aussi regarda-t-on comme un prodige insigne le
bonheur d'échapper sans funeste catastrophe au feu de la
discorde allumé dans nos murs.

Nous voilà donc au terme de notre long récit.

Une œuvre toute divine, l'œuvre du Jubilé, va venir couronner d'innombrables bienfaits, de précieux souvenirs cette série de siècles.

Essayons d'en tracer le tableau.

Dès les deux premiers mois précédant l'ouverture de l'auguste mission promulguée en 1850, mais dont l'accomplissement n'a eu lieu à Barbentane qu'en mars de l'an de grâce 1852, grâce au zèle effectif de nos vénérables prêtres et à l'empressement des nombreux jeunes gens, qui, nous devons le dire à leur plus grande gloire, répondirent si bien au chaleureux appel du chef des Missionnaires, des chœurs tout-à-fait bien fournis de jeunes garçons et de jeunes filles furent organisés, et à peine eurent-ils pris quelques répétitions, qu'ils se virent à même d'exécuter à souhait de mélodieux cantiques. Dociles, à leur tour, aux pressantes sollicitations des fervens prédicateurs et tout occupés du saint temps qui approchait, la plupart des paroissiens en parlaient fréquemment et promettaient tout haut de le mettre à profit. Entrepris donc sous les plus heureux auspices et dans une saison reconnue favorable, les saints exercices du Jubilé attirèrent à l'église non seulement les personnes du sexe dont le vif empressement et l'exactitude à remplir ses devoirs nous est si bien connue ; mais encore, aux jours, aux momens désignés par le prédicateur, à peu près tous nos frères. Oh ! le beau, le touchant spectacle que celui d'une église, qu'on sait être assez vaste, toute remplie d'hommes naguères acharnés jusqu'à verser leur sang et aujourd'hui unis d'une véritable fraternité ! Puissante , sublime religion , ce sont là de tes œuvres. La grâce du Seigneur effectue en un jour ce que l'esprit humain ne saurait accomplir en des années et des siècles. En effet , à voir cette fusion et cet entraînement aux pieds des saints autels, on entrevoyait déjà cette paix délicieuse que l'orateur sacré nous promit dès l'abord du haut de la sainte tribune. Plus d'ennemis parmi nous ; c'est un peuple de frères. Dieu fasse seulement , disait notre Pasteur , que ces beaux sentimens soient profondément enracinés et s'accroissent dans les cœurs. Ce qui est bien certain , ce qui est consolant, c'est que les discours profonds, pathétiques et palpitans d'intérêt des respectables prêtres chargés de nous instruire , pénétrèrent vivement les nombreux auditeurs et ramenèrent au bercail bien des brebis égarées.

Mais ce ne fut pas tout. Comme tous les âges devaient participer à l'ineffable bienfait du Jubilé, dès les six premiers jours nos fervens missionnaires employèrent leurs veilles au salut des enfans , et à peine leur eurent-ils procuré l'indulgence plénière, qu'ils en firent l'offrande et la consécration à la reine des Cieux, cérémonie touchante, et dont le souvenir seul nous sera salutaire.

Bientôt après , nos mères , nos femmes, nos filles et nos sœurs , dociles à la voix du Dieu qui les appelait, volèrent au saint tribunal pour s'y réconcilier , et revêtant ainsi la robe d'innocence, elles s'unirent un dimanche, aux pieds des saints autels , pour y participer au froment des élus.

Cependant les instructions devenaient toujours plus fréquentes, et comme pour épuiser les remèdes divers propres à nous guérir , l'esprit de charité qui animait nos prêtres les porta à varier l'exercice du soir réservé aux hommes seuls. C'est pourquoi nous vîmes tous avec un nouveau charme, un jour, une promulgation de la loi du Seigneur ; le lendemain, une consécration à la vierge Marie ; et le surlendemain, la pieuse pratique du chemin de la croix fait avec grande pompe et discours de circonstance : tout cela, dans le but de convertir nos cœurs.

Mais nous voici enfin à l'une des plus belles solennités et des plus touchantes cérémonies dont Barbentane ait droit de se glorifier : la communion des hommes.

Dès la pointe du jour, plus de huit cents chrétiens dont la plupart, comme d'autres prodigues, avaient depuis long-temps abandonné leur Dieu ; plus de huit cents chrétiens se rendent au lieu saint pour y participer au céleste banquet. Jamais plus imposant spectacle que celui de tant d'hommes dans notre église ! Les discours pleins d'onction des pieux missionnaires, les chants affectueux d'une nombreuse jeunesse, les symphonies de l'orgue, le baiser de paix et de fraternité que le prédicateur fait passer dans les rangs, le silence et le recueillement de tant d'hommes émus, et enfin, le moment suprême de l'union de Dieu avec sa créature, tout frappe et attendrit. Jour heureux, sainte allégresse, Jésus règne dans nos cœurs !

Cependant quelques heures se passent et les tambours unis vont battre le rappel pour aller prendre le Christ déposé au faubourg du nom de Saint-Joseph. Au même instant une compagnie de pompiers, l'arme au bras, devance la multitude qui se précipite vers ce quartier, et au signal donné, comme pour exciter aux plus vifs transports, tous les tambours réunis, sans distinction d'opinions (car, il n'y avait plus en ce moment qu'un cœur et qu'une âme), tous les tambours réunis battent un air de marche ; nos vénérables prêtres s'avancent dans les rangs. Puis apparaît le Christ porté sur un brancard bordé de tapis rouges et orné de couronnes, et un peuple innombrable encombre le chemin. En même temps les cloches sont en branle, les boîtes détonnent, le cri de *Vive la Croix !* retentit dans les nues et les cœurs les plus durs sont émus jusqu'aux larmes. Oh ! non, rien, rien de comparable au spectacle de cette multitude s'agitant en tous sens et du Christ transporté au-dessus de nos têtes. On arrive au milieu du cours. Une salle verte construite avec du buis, des lauriers et des fleurs, a été préparée ; l'image du Sauveur y est religieusement déposée ; les cris de *Vive la Croix !* se font encore entendre, et la foule se retire plus attendrie que jamais. Immédiatement après l'issue des vêpres, des gendarmes à cheval ouvrent la procession, les enfans des écoles et toutes les confréries, tant d'hommes que de femmes, y paraissent sur deux rangs, leurs bannières en tête ; puis viennent les choristes et les gardes-pompiers. Les musiciens du 54me de ligne, au nombre de soixante, en grande tenue, s'acheminent à pas lents exécutant par intervalle d'entraînantes fanfares, et le char triomphal précédé et suivi de nombreux jeunes gens ayant à chaque division leur brillante oriflamme, avance gravement. Notre auguste Clergé, en dalmatique ou chape, et l'Administration terminent le cortège. Un ciel pur et serein, un éclatant soleil, favorisent la fête. Après une bénédiction solennelle du Christ, un discours de circonstance, le chant des militaires et l'adoration faite par le Clergé, l'auguste procession défile dans nos rues pavoisées de draps blancs et vient rentrer ensuite par la porte du parc de M. de Robin, d'où se développant dans ses allées de pins, d'oliviers et d'arbustes,

elle offre aux spectateurs un magique tableau. En effet,
qu'on se figure voir dans de riants bocages des croix, des
bannières flottantes, des habillemens blancs et le brancard
sacré surmonté du Sauveur étendu sur la croix ; qu'on
se persuade entendre ces chants mélodieux de divers chœurs
à plusieurs voix, les marches sonores d'une musique guerrière, l'explosion des boîtes, le son des cloches, le roulement des tambours et l'on pourra se faire une idée,
quoique imparfaite, de ce jour magnifique. Aussi les étrangers, au nombre de plus de deux mille, frappés d'un tel
prodige, ne pouvaient assez témoigner leur admiration.

Mais voici le moment de l'arrivée du Christ, moment suprême et digne d'attention. Oh ! chrétiens, venez et com-
templons ensemble ce ravissant brancard porté au pas de
charge à l'endroit désigné, et prêtons une oreille attentive
à l'éloquent orateur (M. Moutonet), lequel, après avoir
donné ordre aux tambours de battre un roulement, ha-
rangue ainsi le peuple du sommet de la Croix :

« MES FRÈRES !

» Quand, il y a trois mille ans, les Israëlites pas-
» sèrent la Mer rouge, ils élevèrent un monument pour
» attester les faveurs dont le Ciel les avait comblés ;
» et quand leurs descendans leur demandaient plus tard :
» pourquoi ce monument ? C'est, leur répondaient-ils,
» pour glorifier les bienfaits du Seigneur. Eh bien ! un
» monument fut aussi élevé il y a dix-huit siècles, la
» *Croix ;* et quand les enfans demandaient à leurs pères :
» qu'est-ce que ce monument ? C'est, répondaient ceux-ci,

» un gage, une marque visible des bontés infinies de notre
» Rédempteur (vive la Croix !)..... — Et vous-mêmes ,
» mes Frères, quand, il y a vingt-cinq ans , vos pères ,
» dont la plupart peut-être dorment ici tout près dans le
» champ du repos , quand vos pères dressèrent cette ado-
» rable Croix, pourquoi, leur dites-vous, érigez-vous
» ce signe ? et ils vous répondirent : c'est pour fêter la
» gloire et les miséricordes du Dieu qui nous sauva (vive
» la Croix !)..... — Ainsi, lorsque dans dix, quinze ou
» même vingt années vos enfans vous demanderont : pour-
» quoi ce monument ? Ah ! leur répondrez-vous, forte-
» ment attachés à la foi de nos pères, nous vînmes, à
» l'époque d'un Jubilé, après que, comme un seul homme,
» nous étions allés le matin manger le pain des anges, et
» que nos mères, quelques jours auparavant, en plus
» grand nombre encore, avaient eu ce bonheur, nous
» vînmes tous ensemble renouveler ce Christ et restaurer
» la Croix, souvenir de nos pères (vive la Croix !), et
» cela à l'issue d'un orage qui menaçait l'Église et notre
» Religion de leur destruction et où des frères acharnés
» allaient s'entr'égorger. Pour nous , vivement pénétrés de
» sentimens de foi, d'amour et d'espérance, nous nous
» levâmes tous et nous nous écriâmes (vive la Religion !),
» et tout cela après que Jésus, notre Dieu, nous eut ré-
» conciliés et reçus à sa table (vive Jésus !); après que
» son auguste mère, la divine Marie, nous eut tous ac-
» cueillis sous sa protection sainte (vive Marie !); et tout
» cela encore à l'époque d'un Jubilé donné à l'Univers
» par le grand Pie IX , proscrit un peu avant et remis sur
» son trône par nos guerriers français , dont nous avons
» ici quelques représentans (vive Pie IX !).

» Habitans de Barbentane ! je ne vous connaissais pas ;
» mais je puis bien le dire : il suffit de vous connaître pour
» vous apprécier. Vous ne pouviez mieux répondre à l'ap-
» pel de vos Pasteurs ! ce ciel est fait pour vous : aussi ,
» croyez-le bien , j'emporte de ce pays et de ses habi-
» tans un précieux souvenir.

» Vive Barbentane ! »

De retour au lieu saint , où doit se clôturer notre brillante fête , de nouvelles magnificences frappent les assistans : l'auguste sanctuaire et les divers autels y sont illu-
minés ; les choristes et l'orchestre redoublent leurs concerts , et après un harmonieux *trio* chanté par un prêtre
d'Avignon et deux militaires , Dieu bénit ses enfans.

Le Jubilé pourtant dure encore huit jours.

Le lendemain au matin on chanta une grand'messe avec
Te Deum , et dans la soirée des quelques jours suivans
eurent lieu en l'église d'utiles conférences.

Il ne nous reste plus qu'un fait à signaler :

Une maladie qui , depuis trois ans , attaque nos végétaux
et que l'on nomme Oïdium , sévit contre nos vignes avec
une telle recrudescence , qu'on lui voit prendre chaque
jour un caractère plus alarmant.

CHAPITRE XIII.

SITUATION ACTUELLE DE BARBENTANE. — TOPOGRAPHIE

ET

PRODUCTIONS DE SON TERROIR.

L'étendue du territoire de Barbentane est de 2531 hectares, dont 632 en montagnes arides, 617 en côteaux plantés de vignes et d'oliviers, et 1282 en plaines. Environ le sixième est calcaire et sablonneux ; il y a très-peu de bruyères. Les collines de Barbentane sont les dernières ramifications du groupe de la Montagnette ou petites montagnes. Les principales sont celles de la Mer, de Beauregard et de Magne. La plus haute a 66 mètres.

La tête de Pendieu offre encore debout un des piliers qui, comme nous avons dit, servit jadis de fourche patibulaire.

Le bas de nos collines est rempli de carrières de différentes pierres ; aussi, peu de communes possèdent-elles autant de matériaux à bâtir de belle et bonne qualité que Barbentane. On peut dire qu'il y en a partout et de toutes les espèces, depuis la pierre coquillière la plus dure jusqu'à la plus tendre, depuis le grain le plus grossier jusqu'au plus fin. Les bancs ou gisemens d'où elles sont extraites sont pour la plupart d'une étonnante profondeur, ce qui prouve évidemment et leur ancienneté et leur fonds inépuisable. On extrait au quartier de la Fontaine une pierre blanche fort dure et fort jolie, qu'on peut offrir sans crainte comme étant de première qualité. Si elle était connue, elle serait recherchée de fort loin. Dans les diverses autres carrières on trouve de trois sortes de pierres, 1° le grès, gris de perle, qui est la pierre la plus fine et la plus estimée ; aussi l'exporte-t-on au loin pour les dallages, les marches d'escaliers, et en général pour toutes les tailles fines et les sculptures ; 2° le grès blanc, qui a le grain plus gros, mais plus dur ; elle sert pour les façades des maisons, les piles et les fourneaux ; 3° le grès grossier, qui est principalement exploité pour les travaux défensifs de la Durance : notez que ces dernières exploitations occupent seules, deux ou trois mois de l'an, une trentaine d'hommes et autant de charretiers.

Il y a encore le glaise ou *Safre* qu'on extrait habituellement aux quartiers de Saint-Joseph et de la Rebute ; c'est
une pierre tendre, très-facile à tailler, avançant singulièrement l'ouvrage et ne craignant pas l'humidité, pierre enfin qu'on a à très-bas prix, ce qui fait qu'on l'emploie le
plus communément dans les murs des jardins et la construction d'un grand nombre de maisons. Les étrangers eux-
mêmes la recherchent avidement. Les emplacemens à bâtir
étant devenus rares, il se fait chaque année aux endroits
exploités de nouvelles maisons.

On ne connaissait pas autrefois les droits de carrières,
chacun pouvait extraire gratuitement de la pierre dans les
biens communaux ; on est aujourd'hui contraint de payer
un tribut à l'administration.

Quoique le sol montagneux de la commune de Barbentane
soit sec et aride, plusieurs troupeaux de brebis y trouvent
leur pâture.

Les côteaux formant une ceinture d'une surface inégale
entre les collines et la plaine sont presque tous plantés :
on y cultive avec succès la vigne et l'olivier. Les vins de
Barbentane sont de qualité supérieure et les fruits d'un goût
exquis ; les huiles d'olive surtout y sont très-fines et se con-
servent long-temps. L'auteur des Bords du Rhône va jusqu'à soutenir que l'huile de Barbentane, trop rare pour
avoir grande réputation dans le commerce des cités, n'en
est pas moins la première huile du monde.

Nous devons faire observer qu'en 1853, on a intro-
duit dans notre commune un moulin triturateur d'après un
nouveau système, nommé Éléotribe.

Les lieux non défrichés sont couverts de romarins, de
thyms, lavandes, avons, bois morts et morts bois. Il y

a pourtant une vaste plaine qu'on nomme l'Etang, où la culture du blé, de la garance, du sain-foin et de la luzerne réussit à merveille.

La plaine qui s'étend sur les bords de la Durance et du fleuve du Rhône est parfaitement unie, elle repose presque toute sur un lit de cailloux au travers duquel filtrent, hiver et été, les eaux de la Durance. Et c'est à quoi l'on doit attribuer son inépuisable fécondité, malgré qu'elle ne soit pas arrosable.

Au reste, c'est peut-être moins de la bonté intrinsèque du terrain que lui vient tant de fertilité, que de l'industrie, des engrais et des soins incessans de ceux qui la cultivent.

Une multitude de charmantes maisons de campagne, aussi solides que commodes et connues sous le nom de *Mas*, la peuplent dans toutes ses directions, aussi offret-elle au visiteur un ravissant panorama, délicieusement encadré, au midi, par des bosquets d'oliviers et de nombreuses habitations; au nord, par un des plus beaux fleuves de France; au couchant, par de riantes prairies, et au levant, par une végétation luxuriante, par une forte digue et un long viaduc à vingt-deux arches, construit sur la Durance pour le chemin de fer de Marseille à Lyon.

L'aspect de cette partie du terroir est, on peut bien le dire, au-dessus de toute expression. On n'y voit que champs de blé et de garance, que prairies artificielles, que jardins potagers, que vergers d'arbres à fruit, et, au printemps, lorsque les pêchers qui y abondent et les autres arbres sont en fleurs, il n'est pas de ravissement supérieur à celui qu'on goûte à contempler ce magique tableau.

On peut, sans hyperbole, avancer que les arbres fruitiers y sont aussi épais que les arbres des forêts. Aussi, dans les années favorables, rendent-ils au pays plus de cent mille francs. Mais, hélas ! c'est une récolte si critique, quelquefois si dangereuse, qu'une ou deux gelées blanches tardives suffisent pour anéantir, à ce sujet, l'espoir de l'agriculteur. Les figuiers et les mûriers y pullulent de même. Néanmoins la garance est pour nos compatriotes une des sources les plus abondantes de la richesse agricole. Le blé, l'huile, le vin et diverses espèces de légumes les aident à bien vivre.

En somme, on peut compter que les produits agricoles de la plaine et du grès du bourg de Barbentane s'élèvent tous les ans, une année portant l'autre, à plus d'un million et cinq cent mille francs. Mais n'est-ce donc pas là un résultat important pour un terroir d'ailleurs si limité ?

Indépendamment de tous ces avantages, la proximité où nous sommes des grandes villes et la commodité du transport par la voie du chemin de fer quadruplent nos ressources. Aussi il n'est pas chez nous un seul pauvre étranger qui n'ait pu, en quelques années, se suffire à lui-même. Il est donc bien regrettable qu'une si belle plaine soit sans cesse exposée aux funestes inondations du Rhône et de la Durance.

Nos végétaux légumineux consistent en pommes de terre, fèves, haricots, pois de toutes qualités, asperges, betteraves, pommes d'amour, aubergines, oignons, aulx et melons.

Les principaux fruits sont la pêche, la figue, l'abricot, la prune, la pomme, la poire et les raisins muscats.

Nourris par un terrain fertile et mûris par un soleil brûlant, ces légumes ou fruits sont des plus succulens : les mélons surtout et les pêches tendres ont une chair fondante et une eau sucrée que les fortes chaleurs font trouver déli-cieuses.

On transporte toutes ces denrées à Avignon où les femmes souvent les portent sur la tête ; à Tarascon , à Arles , à Nîmes même, et jusqu'à Montpellier. On en expédie aussi beaucoup à Aix et à Marseille par la voie du chemin de fer.

Les végétaux artificiels sont la luzerne , le sain-foin , le blé et la garance. L'exploitation de cette dernière attire en été à Barbentane plus de six cents étrangers.

On s'occupe beaucoup au printemps de l'éducation des vers-à-soie ; il n'y a pourtant pas de méthode fixe pour les élever, chacun les conduit à sa manière.

La commune de Barbentane possédait autrefois deux fours dont la banalité lui procurait un revenu annuel de 2,400 francs ; elle ne possède plus aujourd'hui que l'église paroissiale , le presbytère et la Maison-Commune , dont les titres sont très-anciens.

L'affouagement, avant 1789 , était de dix-sept feux et tiers ; le montant des contributions pour l'État de 15,000 francs ; les redevances seigneuriales se composaient de neuf saumées et demie de blé envers l'archevêque d'Avignon , de la dixme ou du quarantième sur les vins et grains , des droits de lods au vingtième , *etc. ;* il n'y avait point de directe universelle.

Les dépenses communales en chemins vicinaux , chaussées , greffiers , étaient de 2,000 francs , et les recettes de 3,500 francs.

Les recettes ordinaires sont aujourd'hui de 12,000 fr.

Les recettes extraordinaires de 5,400 francs ;

Et les dépenses sont à peu près les mêmes.

Le budget de 1853 s'élève à 18,000 fr.

L'octroi, qui ne rendait autrefois que 8 à 900 francs, monte aujourd'hui à 4,000 francs.

Le montant des aumônes recueillies chaque année à Barbentane, au profit de l'Œuvre de la propagation de la foi, s'élève à 200 francs.

On ne connaît dans l'étendue de notre territoire ni étangs ni marais ; les végétaux qui y naissent et les animaux qui l'habitent sont les mêmes que dans tout le département.

Ces animaux consistent en chevaux, mulets, ânes, cochons, moutons, brebis, agneaux et quelques chèvres ; les haras et les moyens de propagation n'y existent point.

Quant aux minéraux, le savant père Papon soutient dans son Histoire qu'on y a découvert des indices de mine de fer.

En fait d'antiquités, on ne remarque dans le pays que quelques vestiges d'un antique rempart flanqué de tours par intervalles, telles que la prison et la tour au midi de l'hospice, dans lesquelles on a trouvé, par différentes fouilles faites au hasard, ainsi qu'au quartier qu'on nomme le Piélon, des tombeaux, des briques antiques, des urnes, des médailles, des luminaires, des lampions en verre. Malheureusement rien jusqu'ici n'a pu servir à préciser ni à constater l'antiquité réelle de ces divers objets.

On remarque au bout de la rue des Moulins, à côté de la grande porte d'une ancienne maison qu'on nous dit avoir appartenu au sieur Chabert Baron, une tête en pierre représentant trois faces avec biret ou bonnet de cardinal adossé de deux croix. Bien qu'aucun millésime ne dévoile son origine, nous la croyons de très-ancienne date.

L'air de la commune de Barbentane est pur et sain, et s'il y a à la campagne quelques fièvres pernicieuses, ce n'est qu'aux eaux stagnantes et marécageuses du chemin de fer qu'il faut les attribuer. Ceux de nos concitoyens qui en sont souvent frappés ont fait des pétitions nombreuses et travaillent sans relâche à obtenir un remède ou des moyens efficaces pour en être préservés.

La petite vérole est rare à Barbentane; elle n'enlève guère qu'un enfant sur cinquante, grâce à la vaccine qu'on y pratique assez et à l'heureux climat qui en est le meilleur antidote.

CHAPITRE XIV.

LANGAGE.

Malgré les peines et les soins incessans que prennent, à Barbeutane, nos instituteurs et nos institutrices, pour apprendre aux enfans à parler le français, comme on ne parle que le patois dans l'intérieur des familles et même à l'extérieur et que la masse des habitans tient à ses habitudes, il s'écoulera probablement encore bien des siècles , si toutefois la chose arrive , avant qu'on ne parle que le français (1).

Le jargon ou langage barbentanais qui , d'ailleurs , ne diffère guère de celui des villages voisins , joint à la force et à l'énergie la richesse et la naïveté ; il est surtout rempli de tours vifs et d'expressions figurées qui sont une suite de l'imagination ardente de nos compatriotes. Pétrarque appelait la *Voix du plaisir* l'idiome provençal.

C'est un composé de ligurien , de grec et de latin entremêlé d'italien , d'espagnol , de francisque et de mots sarrasins , dont il nous est bien facile de citer des exemples. Et d'abord , voici , d'après la Statistique , les mots liguriens conservés dans l'idiôme ou patois barbentanais :

Agacin, cor.	—*Eissado* , Houe.
Ancoulo, arc-boutan.	—*Escandaou* , Mesure.
Argno , Teigne.	—*Fède* , Brebis.
Baceou , Soufflet.	—*Gaougno*, ouïe des poissons.
Bachas , Flaque d'eau.	—*Gaveou* , Sarment
Badar , Bailler.	—*La Grupio* , la Crèche.
Baoumo , Grotte.	—*Mas* , Ferme,
Bourneou , Tuyau.	—*Mastro* , Pétrin.
Brus , Ruche.	—*Niero* , Puce.
Cacha , Fromage.	—*Pechier* , Cruche.
Dayo , Faulx.	—*Peyroou* , Chaudron.
Drayo , Sentier.	—*Sartan*, Poèle à frire.

(1) De tous les Troubadours qui honorent nos contrées , aucun n'a mieux saisi le génie de notre langue , ni peint nos mœurs avec plus de naturel que Joseph Roumanille.

Sivade, Avoine.
Tanquo, Barre.
Tap, Bouchon.
Teni damen, Guetter.

—*Tigne*, Engelure.
—*Toupin*, Pot à feu.
—*Vano*, Couverture, *etc.*
—*Voulame*, Faucille.

Voici quelques mots grecs conservés dans notre jargon ou patois barbentanais. Mais afin de nous mettre à la portée du plus grand nombre de nos lecteurs, nous avons jugé convenable de représenter avec nos caractères les mots grecs qui, écrits dans leur langue, avec leurs lettres propres, n'auraient pas été lisibles pour plusieurs.

Alphabet, d'*Alpha, béta*. (A. B.)

Agréno, prune sauvage, d'*Agrios*, sauvage.

Aqui, la, d'*Anki*, là, auprès.

Estaragno, d'*Arakné*, Araignée.

Barri, rempart, de *Baris*, Vaisseau, Édifice.

Bellugo, Étincelle, de *Belleka*, étincelle.

Blasphème, de *Blasphémia*, Injure, Calomnie.

Boufaïré, de *Bouphagos*, Glouton, qui mangerait un bœuf.

Cala (soun fiéla), de *Kalaein*, Jeter, Lâcher.

Canesteou, Corbeille, de *Kanastron*.

Canisse, de *Kanis*, claie, et de *Kaniskion*, Natte.

Cantoun, de *Kantos*, Angle ou coin de l'œil.

Chamineïo, de *Kaminos*, Fourneau.

Couffe, Couffin, de *Kophinos*, Panier, Corbeille.

Cieouclé, de *Kuklos*, Cercle.

Crémaï, Crémaillère, de *Kremaein*, suspendre.

Destraou, de *Destralion*, hache.

Escarava, insecte hideux, de *Skarabos*, escarbot, Écrevisse.

Estello, éclats de bois, de *Stélékos*, tige, souche, bûche.

En dedin, de *Endon*, à l'intérieur, au-dedans.

Fanaou , de *Phanos*, Lanterne.

Fénat , mauvais sujet , de *Phenax*, Fourbe, Menteur.

Goumfoun , de *Gomphos*, gros Clou , Cheville.

Moulédo , mie de pain , de *Muelôdés*, semblable à la moelle.

Moustacho , de *Mustax*, Moustache.

Nanet , de *Nanos*, Nain , Petit.

Nougat , de *Nôgala*, friandises , mets délicats.

Oustaou , de *Estia*, Foyer, Maison.

Pédas , de *Païdikos*, Maillot d'Enfant.

Racco , marc de raisin , de *Rax*,   *Rakos*, grain de raisin.

l'Ouriaou , de *Réô*, je coule.

Escura , de *Skeuôreô*, je lave la vaisselle.

Saoumo , de *Sagmaria*, bêtes de somme.

Strangla , de *Strangheuô*, je persécute, je tourmente.

Et une foule d'autres termes que nous ne citons pas, afin de ne point faire parade d'une vaine érudition et épargner de l'ennui à quelques-uns de nos lecteurs.

Voici les mots patois dérivant du latin :

Aïgarden , d'*Aqua ardens*, Eau-de-vie.

Aïgo , d'*Aqua*, Eau.

Aillet , d'*Allium*, Ail.

Api , d'*Apium*, Céléri.

Arro , d'*Arrha*, Arrhes ou assurances d'un marché.

Cadeno , de *Catena*, Chaîne.

Carn , de *Carnis*, Chair ou Viande.

Caraviaïré , de *Cavillator*, Chicaneur.

Cèbe , de *Sepa*, Oignon.

Claou , de *Clavis*, Clé.

Conco , de *Concha*, Pile ou Auge.

Cournière , de *Cuniculus*, Lapin

Escalo , d'*Escala* , Échelle.

Scoubo , de *Scopæ*, Balais.

Espigo , de *Spica* , Épi.

Fèbre , de *Febris* , Fièvre.

Gramé , de *Gramen* , Chiendent.

Jas , de *Jacere* , Étable.

Gaou , de *Gaudium* , Joie. —

Jouïné , de *Juventus*, Jeunesse.

La , de *Lac* , Lait.

Larme , de *Lacryma*.

Lambrusque , de *Lambrusca* , raisin sauvage.

Lèque , de *Laqueus* , piége.

Lettre , de *Littera* , lettre.

Merce , de *Merces* , diverses marchandises.

Mouloun , de *Moles* , amas.

Nèblo , de *Nebula* , brouillard.

Ourtigo , de *Urtica* , Ortie.

Ordi , de *Hordeum* , Orge.

Oulle , de *Olla* , Marmite.

Pache , de *Pactio* , Pacte.

Palu , de *Palus* , Marais.

Quoua , de *Cauda* , Queue.

Rego , de *Riga* , Raie.

Ribe , de *Ripa* , Rive.

Saou , de *Sal* , Sel.

Salut , de *Salus* , Santé.

Saougé , de *Salvia* , Sauge.

Sorrè , de *Soror* , Sœur.

Telo , de *Tela* , Toile.

Tourdré , de *Turdus* , Tourde.

Taoulo , de *Tabula* , Table.

Vacco, de *Vacca*, Vache.
Vendumio, du *Vendemia*, Vendange.

Les noms des jours de la semaine dérivent du latin.

Dilun, *Dies lunœ*, jour de la lune.
Dimar, *Dies martis*, jour de Mars.
Dimècré, *Dies Mercurii*, jour de Mercure.
Dijoou, *Dies Jovis*, jour de Jupiter.
Divendré, *Dies Veneris*, jour de Vénus.
Dissaté, de *Dies Sabbati*, jour du Sabbat.
Dimenche, de *Dies dominica*.

Les adjectifs *madur*, *nègre* et *ségur*, viennent de *Maturum*, *Nigrum* et *Securum*.
Quaouquo rem, de *Aliquam rem*, quelque chose.
Quan vous a cousta lou libre? de *Quanti constitit liber?*
Quetto houre es? *Quota hora est?* tres. *Tres*.

DÉRIVATION DE NOS VERBES.

Addurre, d'*Adducere*, amen^r —Pati, de *Pati*, Souffrir.
Ajuda, d'*Ajuvare*, aider. —Peri, de *Perire*.
Amar, d'*Amare*, Aimer. —Porge, de *Porrige*, présente.
Arrapar, d'*Arripere*, saisir. —Prendre, de *Apprehendere*.
Canta, de *Cantare*, chanter. —Puni, de *Punire*, punir.
Caouca, de *Calcare*, fouler. —Querre, de *Quœrere*, cher-
                                               cher.
Escoundre, de *Abscondere*. —Saoupré, de *Sapere*.
Fugi, de *Fugere*, Fuir. —Sibla, de *Sibilare*, Siffler.
Legi, de *Legere*, Lire. —Volé, *Voloun*, de *Volo*, vo-
Mouzé, de *Mulgere*, traire.— *lunt*, je veux, ils veulent.

ADVERBES.

Maou , de *Male*.   —Ben , de *Benè*.

Il est évident que les *pronoms personnels* et plusieurs temps de nos Verbes auxiliaires dérivent de l'italien.

Indicatif présent.

Ieou sieou , *Io sono*.
Tu sies , *Tu sei*.
Eou es , *Egli è*.
Nous auoutre sian , *Noi siamo*.
Vous aoutre sia , *Voi sietè*.
Elli soun , *Eglino sono*.

Imparfait.

Ieou ere , *Io era*.
Tu eres , *Tu eras*.
Eou ero , *Egli era*.
Nous aoutre erian , *Noi eravamo*.
Vous aoutre eria , *Voi eravate*.
Elli eroun , *Eglino eravano*.

Plus-que-Parfait.

Ieou ere sta ,   *Io era stato*.
Tu eres sta   *Tu eras stato*.
Eou ero sta ,   *Egli ero stato*.
Nous aoutre erian sta ,   *Noi eravamo stati*.
Vous aoutre eria sta ,   *Voi eravate stati*.
Elli eroun sta ,   *Eglino eravano stati*.

Futur.

Ieou sarai ,   *Io saro*.
Tu saras ,   *Tu sarai*

Èou sara ,   *Eglino sara.*
Nous aoutre sarem ,   *Noi saremo.*
Vous aoutre sares ,   *Voi sarete.*
Elli saran ,   *Eglino saranno, - etc.*

Ou de l'espagnol : *Indicatif.*

Yo soy, leou sieou.
Tu eres, Tu sies.
Aquel es, Aqueou es.
Nosotros somos, Nous aoutre siam.
Vosotros soïs, Vous aoutre sias.
Aquellos son, Aquelli soun.

—

Yo era, Yeou ere.
Tu eras, Tu eres.
Aquel era, Aqueou ero.
Nosotros eromos, Nous aoutre eriam.
Vosotros erais, Vous aoutre eria.
Aquellos eram, Aqueli eroun.

De l'espagnol viennent encore nos *Verbes :*

Esternuda d'*Estournudar*, Éternuer.
Escupi d'*Escupir*, Cracher.
Desplega la servietto, de *Desplegar la servilletta.*
Agrada d'*Agradar*, Plaire.

Et ces Noms :

Bouteillo tapado, de *Botellas tapadas*, bouteilles bouchées.
Ley Rey, Tamis et Vido, de *Ley, Rey, Tamis et Vida,*
Loi, Roi, Tamis et Vie.

Voici les mots patois tirés du francisque :

Cat, de *Katter*, Chat.

CHERPO, de *Schœsper*, Écharpe.
COOULET, de *Kool*, Chou.
ESTIRE-TE, de *Stier*, se tenir fixe.
GARBO, de *Garbo*, Gerbe.
HARNEKH, de *Harnisch*, Harnais.
MACHOTO, de *Mashteul*, Chouette.
MESCLAR, de *Múscler*, Mêler.
NAS, de *Naz*, Nez.
OOUSTAOU, de *Haïus*, Maison.
RAÏSSO, de *Reiss*, Grosse pluie.
RANCI, de *Ranzig*, rance.
REINARD, de *Rei-Nard*, Renard.
RODO, de *Rad*, Roue.
ROOUBAR, de *Rauben*, Dérober.
TASTAR, de *Tasten*, Tâter.

Enfin, voici les mots sarrasins introduits dans notre jargon ou patois barbentanais :

Artichaou.—Almanach.—Bazar.—Magasin.—Masque.—Assassin.—Caravane.—Mousseline.--Salade Andive.

Les mots inconvenans *Bougre -- Bougrement*, dérivent des Bulgares ou Bolgres, hérétiques d'Allemagne.

Et le mot *Ari*, qu'on dit à l'âne pour le faire marcher, de l'exécration de l'impie Arius.

CHAPITRE XV.

CARACTÈRE—MŒURS—FÊTES ET USAGES DES HABITANS.

Les habitans de Barbentane sont fort gais, très-vifs et
très-pétulans, brusques même quelquefois, mais bons et
laborieux ; ils ont généralement des sentimens religieux
et mettent dans la fréquentation des offices comme dans
la décoration des autels le même zèle que partout. Ils

aiment à l'excès le luxe et les divertissemens : la danse et la farandole sont leurs jeux favoris (1). On dirait que c'est là un aliment nécessaire à leur tempérament ; cependant les hommes et les femmes jouissent en général d'une bonne constitution ; la plupart des femmes ont la figure svelte et le teint un peu brun, mais frais. Aussi robustes, aussi actives et aussi laborieuses que les hommes, elles s'appliquent en été aux menus travaux de la campagne ou au transport des denrées qu'elles viennent de cueillir. La cueillette des olives finie, elles se renferment dans leurs maisons pour y coudre, filer ou tricoter des bas. Elles sont si vives et si enjouées dans la conversation, qu'on n'éprouve en leur société ni tiédeur ni ennui : rien n'est plus aimable lorsqu'elles savent se tempérer ; mais c'est souvent un effort qui leur coûte.

Franchement hospitalier, le peuple de Barbentane a les mœurs douces, familières et singulièrement affables. L'étranger est chez lui comme dans ses foyers ; mais, chose pénible à dire, il existe dans le pays des esprits tellement exaltés en fait de politique, qu'ils préfèrent souffrir et voir souffrir leur famille que de dévier tant soit peu de leurs opinions conçues. Aussi n'est-il pas rare de voir les deux partis qui divisent la jeunesse s'agacer, se provoquer, se quereller même et en venir enfin à de violentes rixes.

___

(1) La Farandole a été apportée à Marseille par les Phocéens, d'où elle se répandit dans toute la Provence et sur toutes les côtes où ils fondèrent des établissemens. Le mot farandole est tout grec ; il dérive de PHALANX, *Phalange, Troupe*, et de DOULOS, *esclave assujéti à, attaché à*, comme qui dirait une phalange ou troupe composée d'individus liés les uns aux autres et formant une chaîne continue.

Hélas ! s'il nous fallait ici donner tous les détails des misérables drames exécutés sur place, nous n'en finirions plus.

Faut-il le dire enfin, les Barbentanais sont d'un emportement, d'une inconstance et d'une légèreté impossibles à décrire ; ils n'agissent que par boutades. Entreprennent-ils une chose, ils la commencent avec zèle ; mais bientôt ils se relâchent, s'en dégoûtent et l'interrompent. Il n'y a guère que la danse et la farandole desquelles ils ne peuvent se déshabituer ; il paraît qu'ils y trouvent un excellent moyen de se distraire un peu de leurs rudes travaux. Aussi les voit-on sans cesse rechercher avec empressement les occasions de se divertir. C'est incontestablement la suite naturelle de leur fonds de gaîté et de l'amour du luxe, leur passion dominante. Néanmoins, il faut être juste envers eux. Les fêtes de Barbentane, surtout les fêtes votives, ont toujours été, comparativement aux villages voisins, ce que l'illustration est à la librairie. Dès la veille nos rues ont pris un air riant et gracieux. Chaque porte, chaque fenêtre laisse échapper devant elle des signes évidens de bienveillance et d'hospitalité. Chacun vous sourit, vous salue affectueusement et vous tend une main aux attraits enchanteurs.

Mais voilà que l'arrivée des taureaux est annoncée : la foule tressaille et s'agite. Les boîtes détonnent ; deux et quelquefois trois sociétés de jeunes gens, ayant chacune en tête huit ou dix musiciens, parcourent les rues de Barbentane au son des instrumens. Dans la soirée, de nombreux serpentaux, lancés par deux camps opposés, simulent une petite guerre, un exercice à feu. Puis la farandole se développe, s'enlace et va se terminer en rond sur un cours spacieux. En même temps les joueurs de profession , profitant des ombres de la nuit , vont dans des lieux secrets se livrer furtivement à leur honteux trafic.

La journée du lendemain n'en est pas moins attendue le plus impatiemment par la bouillante jeunesse. Saluant donc le soleil qui vient éclairer sa fête , elle en offre à Dieu ainsi qu'au grand Saint-Jean les glorieux prémices , et remplit son devoir par l'assistance à la messe et à la procession.

Les bons repas ensuite , la promenade , les divertissemens de tous genres , tels que Farandoles, Luttes et courses de Taureaux , remplissent la soirée. Au calme de la matinée succède donc le plus grand mouvement.

Pour nous en convaincre , examinons-en les différens tableaux. Ici ce sont des voitures qui arrivent en nombre ; là , des essaims de jeunes et gentilles Provençales ; plus loin , un taureau rebelle refusant de sortir ; mais entrons dans l'arène et jetons nos regards autour de son enceinte. Aux fenêtres , sur les charrettes , sur les amphithéâtres , sur les toits , partout , c'est une foule avide et curieuse ; partout ce sont des cris , des applaudissemens , la plus vive émotion , et cela dans les cœurs d'une multitude de tout âge et de toute condition : car , remarquez-le bien , vieillards , enfans , infirmes , riches et pauvres , tout apparaît dans la nombreuse assemblée pour assister à la course. Mais quittons ce spectacle et venons admirer cette vive et joyeuse farandole qui nous rappelle si bien les temps de nos ancêtres dans toute leur pureté , et que trois sociétés de jeunes gens , ayant chacune en tête ses huit ou dix musiciens , exécutent à ravir (1). Elle passe, repasse en

____

(1) La Farandole à Barbentane est un prestige pour les étrangers.

mille gracieux détours avec un ensemble et une rapidité qui étonnent l'étranger. Plus de soixante chaînes vont, viennent, se croisent, tourbillonnent, s'entrelacent sans désordre, et se terminent en spirale d'un effet merveilleux.

C'est une danse vraiment digne du théâtre où elle a déjà paru dans l'opéra d'Aline, reine de Golconde et princesse de Tarascon ; mais écoutons Thévenot qui, dans son joyeux refrain, semble lui donner l'élan :

> Farandole
> Vole, vole,
> Fuis comme la barcarolle
> Qui glisse sur les flots bleus !
> Tambourin suis en cadence
> Cette fantastique danse,
> Ces essaims voluptueux !
> Tantôt ils s'ouvrent, s'élancent,
> Se renferment, se balancent,
> Se poursuivent, se devancent ;
> Tantôt se forment en rond ;
> Et passent comme des rêves
> Ou des brises sur les grèves,
> Ou des rires sur le front !

Et ce nouveau Troubadour qui l'anime de sa voix :

> Anen garçouns et filletto
> Leva vou la fré dei pé,
> Estira ben lei cambetto
> Et dansa lou manué ;
> Qu'uto drolo
> Farandolo,
> E ram ram ram ramplam ;
> Qué soun air es entrénan.

Mais tout l'amusement ne se borne pas là. La farandole

nous conduit au bal, au bal mirobolant, resplendissant de toilettes et de tous les rayons de son véritable charme, bal d'autant plus enivrant, qu'en y observant toujours les règles de la décence, on s'y dissipe à l'excès les trois quarts de la nuit, grâce à la variété des concerts mélodieux donnés par nos habiles et puissans ménétriers.

En avant la contredanse, les quadrilles, la walse, la Polka et mille autres gentillesses que nous ne pouvons nommer. Là règnent la douceur et l'aimable égalité : grands et petits, riches et pauvres, tout est confondu dans une joie commune. Et ce qui donne au pays plus d'enchantement encore, c'est que ces jeux, ces farandoles et ces bals, se prolongent d'ordinaire les deux ou trois jours suivans, et l'étranger, témoin de tant de joie, promet bien d'y revenir encore.

Chaque confrérie fesant annuellement sa fête, nous croyons à propos d'en donner une idée.

La première qui se présente est celle de Saint-Marc, laquelle se célèbre le dimanche qui suit le jour où elle tombe. Une scène comique, qui n'a cessé d'avoir lieu qu'en 1830, s'accomplissait jadis : c'est la plantation de la vigne. Dès la veille, les prieurs de la Confrérie, précédés de deux ou trois tambours et suivis d'une foule d'enfans, allaient à la vigne du propriétaire qui les y autorisait prendre une énorme souche aux ceps verdoyans, et après l'avoir ornée de rubans de couleurs différentes, ils venaient au bruit du tambour et du flageolet la promener gaîment dans les rues de la ville. La moitié de la nuit suivante se passait à jouer aux portes des maisons d'agréables aubades. Il suffisait pour jouir de cet honneur d'être cultivateur. Le lendemain on promenait encore avec la plus grande pompe, à la procession qui se fesait avant la grand'messe, la fastueuse souche ; et le soir, au sortir de vêpres, on représentait aux faubourgs un opéra comique. Ceux des confrères les plus farceurs prenaient, l'un, un mulet portant un grand barral ; l'autre, quelques sarmens ; celui-ci, un araire ; celui-là, l'arrosoir. D'autres enfin, vêtus de redingotes, comme au fort de l'hiver, et armés de faucilles, fesaient semblant de tailler la grande souche. Jacques disait à Pierre : taille donc mieux ma vigne ; je t'en préviens d'avance, si tu la tailles mal, tu ne goûteras pas le jus de mon raisin. Et tous, en chantant, de répondre à l'observation : au moins nous mangerons ; aussitôt s'asseyant tous en rond, ils dévoraient leur pain, leurs oignons et leurs aulx. Quelques-uns se levant secouaient leurs bras jusqu'aux épaules, simulant les mouvemens que se donnent les agriculteurs pour se réchauffer les mains pendant la rigueur du froid, bien qu'il fît alors le plus ordinairement d'assez fortes chaleurs. Cependant, deux des confrères tenant par la main une longue corde à chaque bout, comme pour aligner le sillon de la vigne, tâchaient, chaque fois qu'ils la changeaient de place, de renverser à terre tous ceux des spectateurs qui voulaient s'approcher. C'étaient alors des cris, de grands éclats de rire. Un autre individu suivait avec son araire la trace des premiers, et un troisième enfin, plantait un sarment au seuil de chaque porte.

Cette burlesque scène se terminait toujours par la farandole des enfans menée par deux vieillards, ce qui aussi prêtait beaucoup à rire.

Le lendemain les plus grands divertissemens succé-.

daient au service funèbre célébré , le matin , pour le repos de l'âme des confrères défunts.

Cette coutume subsiste encore.

FEUX DE LA SAINT-JEAN.

Depuis un temps immémorial il est d'usage à Barbentane que la veille de la Saint-Jean , à huit heures du soir , et après les complies , le Clergé , assisté de M. le Maire , du Conseil municipal et des chantres de la paroisse, se rend en chantant sur la place publique où un grand feu de joie a été préparé. M. le Curé d'abord , M. le Maire ensuite, et tous les assistans, approchent leurs flambeaux de l'énorme bûcher composé de fagots. Bientôt la flamme pétille , le tambour bat, les cloches sont en branle, les boîtes détonnent ; des fusées et des serpentaux sont lancés de toutes parts et éclatent dans la foule d'où s'élèvent mille bruits.

Le cortége se retire et rentre. Des danses se forment et se terminent par la farandole qu'on ne manque pas de faire autour de chaque feu : car il est à remarquer que l'on croirait chez nous manquer à son devoir si on n'allumait son feu. Ainsi se réalise très-particulièrement à Barbentane cette parole de l'Évangile que « Plusieurs se réjouiront en mé-» moire de la naissance du grand saint Jean-Baptiste ».

LA SAINT-ÉLOI.

La fête de Saint-Éloi se célèbre chaque année dans notre Ville avec la plus grande pompe. Dès le matin tous les hommes et les jeunes gens qui désirent faire partie de la course préparent leurs mulets et se rendent au lieu où se trouve un charriot décoré de verdure. On attèle à ce char trente, quarante et jusqu'à cinquante mulets richement harnachés, portant des brides à miroirs, de brillantes garnitures et des panaches de plumes de diverses couleurs. En même temps chaque cavalier, coiffé du bonnet blanc, en manches de chemise et armé de son fouet, dirige sa monture. Un tambour ou deux, blottis dans les branchages qui couvrent le charriot, battent des airs de course. A l'instant le magnifique attelage part, trotte, galoppe et s'annonce au loin par des nuages de poussière et des claquemens de fouet.

Le char entre dans la Ville et roule lentement en montant dans les rues. Il passe devant l'église où le Curé vient faire la bénédiction des mulets, et c'est alors que repartant tóus avec la rapidité de l'éclair ils vont dans tous les quartiers de la Ville, à la Bourgade surtout, faire, au son du tambour et du flageolet, plusieurs bruyantes courses.

La grand'messe succède à la bénédiction. Il y a à midi grand régal entre les confrères, et amusemens variés toute la soirée ainsi que le lendemain.

SAINT-ROCH.

La fête de Saint-Roch ne se célèbre pas avec moins de pompe. Les plus apparens du pays, fesant toujours partie de cette confrérie, tâchent d'y donner chaque année le plus d'éclat possible. Grand orchestre, brillante procession, danses et farandoles, tout concourt à sa solennité. Elle est presque aussi animée, aussi brillante que la fête votive.

SAINT - JOSEPH.

Tous les gens de métier sur la pierre ou le bois, ne voulant point en carême se livrer au plaisir, honorent Saint-Joseph le lundi de *Quasimodo*. Il y a le matin grand'-messe et procession, et dans la soirée ainsi que le lendemain, grandes réjouissances.

SAINT-LOUIS DE GONZAGUE.

Enfin, il existe sous les auspices du Saint-Enfant-Jésus et de Saint-Louis de Gonzague, une congrégation de jeunes garçons fondée tout récemment ; ce sont eux-mêmes qui chantent la grand'messe le jour que se célèbre leur glorieuse fête. Leur assiduité en ce jour solennel comme leur recueillement à tous les saints offices, édifient les paroissiens. Honneur à nos Pasteurs qui ont fondé cette Œuvre et qui travaillent tant à la faire fleurir !

Confréries de Femmes et de Filles.

Les Femmes et les Filles ont aussi leurs patronnes. Nos veuves, par exemple, et nos femmes âgées consacrent un dimanche à la vénération de la grande Sainte-Anne ; la participation aux mystères divins, l'assistance à la messe et à la procession, et les marques les plus éclatantes de la plus vraie comme de la plus tendre dévotion signalent cette fête. Il en est à peu près ainsi des jeunes femmes de Barbentane à l'égard de Sainte-Marguerite, qu'elles exposent au même autel comme leur protectrice.

Quant aux jeunes personnes, il n'est sorte de fête, de pratique et d'hommage qu'elles ne consacrent dans l'année à la reine des Cieux. Toutefois, le mois de mai, l'Assomption et le Rosaire, sont les circonstances où elles étalent avec le plus de profusion, de faste et de grandeur leurs habillemens blancs, le brancard sacré et la bannière de leur auguste mère.

C'est, à notre avis, un triomphe dont la religion seule peut, dans une si petite localité, nous offrir le spectacle.

La fête de Sainte-Philomène, quoique solennisée par nos plus jeunes filles, n'en est pas moins brillante.

On célébrait jadis la fête de St.-Claude, et à la procession qui se fesait le matin on portait une bannière d'où flottait un ruban au bout duquel était suspendu un élégant sifflet.

Les cordonniers fesaient aussi leur fête et une procession le jour de Saint-Crépin ; mais ces deux confréries, comme celle du Saint-Enfant, ont tout-à-fait disparu.

⊷◉◉◉⊶

Ayant trouvé dans les archives du château de M. de Puget de vieux registres intitulés : *Livres de la Raison*, et lisant à ce sujet dans le Guide pittoresque du Voyageur en France, à l'article *Bouches-du-Rhône*, les réflexions suivantes, nous nous empressons de les donner ici. Ce livre, renfermant la généalogie des familles, les titres et les délibérations, les actes de partage, les limites des propriétés, l'inventaire des meubles, tout ce qui était de quelque utilité pour la famille, se tenait dans un coffre de bois proprement sculpté, dont le chef avait seul la clé. On avait pour ce registre un respect infini ; on le consultait dans l'occasion et il réglait la conduite à tenir. Durant la vie du père, l'aîné de ses enfans était seul autorisé à remplir ce livre dont tous les articles étaient signés par le père de famille. Celui-ci, dans les soirées d'hiver se le fesait apporter pour en faire la lecture. Ces Livres de Raison, tenus dans la plupart des familles, ont en partie disparu, et c'est une véritable perte. Dans l'arrondissement d'Arles on en trouve quelques-uns qui remontent jusqu'à Charles d'Anjou, et nous-même, comme nous venons de le dire, nous en avons trouvé un de Pol de Sade, à la date de 1390, dans les archives du château de M. de Puget.

Un grand nombre de coutumes civiles et populaires existaient jadis et existent encore dans la commune de Barbentane. Ainsi, il est d'usage fort ancien qu'au moment où le prêtre va administrer le sacrement de baptême, une foule d'enfans se rassemblent devant l'église, attendant impatiemment la fin de la cérémonie. Dès qu'ils voient sortir le parrain et la marraine porteurs du nouveau né, on les entend faire retentir les cris mille fois répétés : *gitta ! gitta !* jetez, jetez. Alors, le parrain et le père de l'enfant n'ont rien de plus pressé que de répandre au loin des poignées de bonbons, tels que dragées, pralines et autres friandises. C'est le *Nuces sparge, marite,* dont nous parle Virgile : époux, jetez des noix.

Il se fesait autrefois à la naissance d'un enfant de nombreuses invitations, et au retour du lieu saint on offrait un

festin dit *lou Férigoulage* : il n'en est plus question aujour-
d'hui. Nous pouvons même dire que le fracas et les divertissemens , jadis habituels dans la célébration des moindres
mariages , se perd dans le pays.

L'usage de la pelotte que l'on se fait donner par les veufs
ou par les étrangers qui épousent des filles du pays , et les
charivaris qu'occasionne un refus sont si anciens dans
nos contrées, qu'ils remontent , dit-on , au temps des Phocéens. Pline même en fait mention ; mais divers règlemens
les ont souvent prohibés.

La cérémonie du roi de la fève se pratique encore un peu
dans quelques réunions le jour de l'épiphanie.

Le Carnaval dérivant , comme on sait , de *Carn vale* ,
adieu la chair , fut jadis remarquable par ses travestisse-
mens ou galantes mascarades. La plus vive gaîté animait ses
soirées. Il n'en est pas moins gaî ni moins bruyant aujour-
d'hui ; mais malheureusement ce qu'on voit se passer et
qu'on ne comprend guère , c'est que la farandole et le saut
du *Carmentran* (Carême entrant), qu'on croit indispensable aux divertissemens , font commettre à nos jeunes
concitoyens des excès déplorables. A la vérité ils vont en
diminuant et le temps , nous l'espérons , ne manquera pas
de les faire disparaître.

Il est aussi d'usage que , durant la Semaine-Sainte , une
foule d'enfans armés de maillets, de crécelles, se rendent sur
la place un peu avant l'office. Ils parcourent ensuite les rues
de Barbentane en fesant grand tapage , frappant de leurs
maillets les portes et les fenêtres , et après quelques heures
passées dans l'impatience ou le trépignement de voir étein-
dre enfin la dernière lumière , ils vont faire devant l'église

un bruit épouvantable, comme pour imiter le tremblement de terre qui se fit à la mort du Rédempteur des hommes.

Quoique prévoyant bien qu'un sergent de police le fera enlever, le premier jour de mai l'amant heureux cherche un très-beau peuplier, l'orne de rubans et de guirlandes et, aidé de ses amis, vient le planter sur le milieu du cours. En même temps, nos filles de Barbentane, nos vierges chrétiennes commencent leurs prières, leurs offrandes de fleurs et leurs chants d'allégresse en l'honneur de Marie.

Les processions de la Fête-Dieu, si florissantes autrefois par les lustres, les guirlandes, les palmes et les objets curieux qu'on avait coutume d'y porter, tels qu'un agneau pascal, un serpent d'airain, une urne exhalant des parfums, le sont encore de nos jours par le zèle et l'empressement des fidèles à y assister et à les embellir.

Il y a trente ans à peine, un peu avant la moisson, il descendait chaque année des montagnes du Var, de Vaucluse, des Hautes et Basses-Alpes, des troupes de moissonneurs composées d'hommes et des femmes, lesquels se dirigeant sur Arles, traversaient Barbentane. Parmi ces étrangers se trouvait toujours quelque bouffon qui divertissait ses camarades et même le public, par ses minauderies, ses chants et ses gambades.

Le foulage des gerbes de blé qu'on fesait, il n'y a pas long-temps encore, au moyen de mulets et de chevaux, se pratique assez généralement aujourd'hui , au moyen de rouleaux en pierre traînés par une bête de somme.

Les vendanges ne se faisaient jadis qu'au moyen de couffins ou de petites bennes qu'on portait sur des ânes.

L'usage des charrettes n'a guère plus d'un siècle.

La récolte des olives , qui dure de la Toussaint à la fin de novembre , offre aux Barbentanais de l'un et de l'autre sexe une occasion d'agrémens , lorsque surtout la température n'est pas trop rigoureuse. Tout est alors en mouvement dans nos vergers d'oliviers : nos côteaux et nos vallons ne cessent de retentir de cantiques , de noëls ou de chansons du bon vieux temps ; et quand la cueillette est finie , le rassemblement se fait au moulin où l'on va , comme dans un cercle , converser à loisir.

Les festins et les réunions de famille sont , comme autrefois, obligatoires, en quelque sorte, à l'époque de la Noël. Il était d'usage aussi , il n'y a pas bien long-temps , de mettre au feu un vieux tronc d'arbre qu'on nommait *Cachafio*. Les mets les plus ordinaires consistaient, la veille , et consistent encore en poisson , escargots, salade, cardons et morue ; et les desserts , en figues , raisins secs , nougat rose , rouge et blanc ; le tout accompagné de gâteaux faits au beurre et découpés à jour , qu'on appelle *Fougasses*. Quoique une civilisation progressive rende chaque année nos fêtes de la Noël moins simples et moins patriarchales , elles ne se célèbrent pas avec moins de pompe et de solennité ; nous avons même vu, il n'y a que quelques années, se pratiquer à la messe de minuit la touchante cérémonie de l'offrande des bergers.

Une toute petite et gentille charrette, chargée d'un tendre agneau décoré de rubans, et traînée par une brebis, s'avançait à pas lents jusqu'à la sainte table au son des cimbales et du flageolet ; des bergers la suivaient les mains pleines de cierges, allaient baiser la croix que leur offrait le prêtre, et revenaient à leur place le cœur tout pénétré d'une sainte allégresse.

La Crèche du saint Enfant – Jésus, dont Saint - François, fondateur des Oratoriens, paraît être l'inventeur, est dressée annuellement, avec beaucoup de goût, dans une de nos chapelles qui lui est destinée.

On y chante toujours avec un nouveau plaisir les spirituels cantiques en langue provençale, dits *Noels*, composés par Peyrol et Saboly.

CHAPITRE XVI.

Tableau comparatif de l'administration et de l'état

ancien de la commune de Barbentane

avec ceux d'aujourd'hui.

La commune de Barbentane, qui était la troisième de la
ci-devant viguerie de Tarascon, est aujourd'hui la seconde

du canton de Châteaurenard , arrondissement d'Arles , département des Bouches-du-Rhône.

Elle était administrée par trois consuls qu'on nommait successivement tous les ans, après un son de cloche, *ad sonum campanæ*, et même , après une messe dite du Saint-Esprit. Ces consuls , élus parmi les plus apparens, le plus souvent à la pluralité de la ballotte , portaient, comme marque distinctive dans les cérémonies publiques , un chaperon en velours cramoisi , descendant de l'épaule sur le côté du corps.

Dans le XVIme, XVIIme et XVIIIme siècle on nommait d'abord le juge qui exigeait le serment de la part des trois consuls qu'on nommait immédiatement après , et qui recevaient de lui les clés des portes , des archives et de la commune ; le greffier , deux auditeurs de comptes , deux ouvriers , trois maîtres de chemins et estimateurs , un armier , un couratier et mesuraire , un capitaine de la ville , un abbat ou abbé de la jeunesse , son lieutenant, un bayle de Saint-Jean , un bayle du *Corpus Domini*, un bayle du cierge pascal , deux maîtres de police , un garde de la fontaine , deux bâtonniers pour les processions , deux pour l'observation des fêtes et des dimanches , suivant l'arrêt de la cour , deux assistans au bureau pour les affaires de l'hôpital , deux caritadiers : le maître d'école , garde-vignes , garde-terres , horloger et campanier , étaient à la disposition de MM. les Consuls.

Notez que les affaires publiques se traitaient toujours le dimanche ou bien un jour de fête ; et le son de la cloche annonçait le conseil (voyez la formule des délibérations de 1477) , lequel , à cette époque , n'était composé que de

huit conseillers, d'un surnuméraire, et présidé chaque
fois par le juge seigneurial exigeant le serment.

Il est aujourd'hui composé de vingt-un conseillers élus
par tous les habitans à la majorité des suffrages, et présidé par un maire. Et à ce sujet nous nous nous permet-
trons ici deux importans avis :

> D'hommes intelligens, calmes et sans caprice,
> Et surtout d'hommes francs formons notre Conseil ;
> Le vulgaire, dès-lors, n'y trouvant aucun vice,
> Loin d'attendre sa mort attendra son réveil.

> Dans l'intérêt commun choisissons-nous un Maire
> Charitable, prudent et désintéressé,
> Rendant compte de tout, même de l'honoraire
> Qu'on ne saurait soustraire à son zèle empressé.

Le maire a, comme autrefois, sous sa dépendance, un
secrétaire, deux gardes-champêtres, lesquels, pour le dire
en passant, étaient pris anciennement dans la succursale
d'Avignon, et répondaient des vols et des autres dommages commis sur le terroir ; un cantonnier et un valet de
ville.

Le soin de la surveillance ou de la police est, comme
elle était jadis, confié à un commissaire rétribué par la
commune.

Une garde nationale, dite des Sapeurs-Pompiers, est
établie à Barbentane et se réunit pour l'exercice à différens intervalles, spécialement en temps de périls et de
troubles, ainsi qu'aux grandes solennités.

Il y a une école publique dans laquelle quarante et même
cinquante enfans, appartenant à des familles pauvres, sont
admis gratuitement. Elle en contient pourtant environ cent

soixante et est dirigée par deux instituteurs de l'Ecole nor-
male.

On y apprend la lecture, l'écriture, l'orthographe, la morale, l'histoire, la géographie, le dessin linéaire, le calcul décimal et la géométrie.

Les religieuses de l'hospice, chargées de l'instruction des petites filles, réunissent chaque jour plus de soixante enfans.

La population de Barbentane était au dernier siècle, d'après l'abbé Expilly, de dix-sept feux et tiers; elle est aujourd'hui, d'après le recensement de 1851, à quelque chose près, de 3040 âmes.

Voici, pour un plus grand éclaircissement, le tableau chronologique de la population du premier Bellinto, et de Barbentane ensuite, jusqu'à la présente année 1854, tiré de la Statistique des Bouches-du-Rhône dressée en 1820 par MM. Toulouzan et le comte de Villeneuve.

Et d'abord, depuis le premier jusqu'au sixième siècle inclusivement, on voit avec étonnement vis-à-vis de Bellinto écrit en plus grands caractères que les noms des autres bourgs : *trois mille âmes.*

Comme on ne comptait que par districts depuis le septième jusqu'au douzième siècle inclusivement, on y a confondu la population de Barbentane, de Châteaurenard, et d'un ou deux villages, de sorte qu'on donne entre ces communes réunies au septième siècle *neuf mille âmes;* au huitième, *six mille;* au neuvième, *huit mille;* au dixième, *huit mille* encore; au onzième, *neuf mille;* et enfin, au douzième, *dix mille.*

Depuis le treizième jusqu'au dix-septième siècle inclusivement, où l'on compta par viguerie, il conste d'abord que notre communauté fit toujours partie de la viguerie de Tarascon.

Or voici, durant ce temps jusqu'au XIXeme siècle, le tableau numérique de la population :

Au XIII^{em} siècle Barbentane compta   2600 âmes ;
Au XIV^{em}. . . . . 2800.
Au XV^{em}. . . . . 3000.
Au XVI^{em}. . . . . 2900.
Au XVII^{em} . . . . 3000.
En 1710. . . . . , ... 2700.
En 1720. . . . . 2072.
En 1730. . . . . 2100.
En 1740. . . . . 2121.
En 1750. . . . . 2520.
En 1760. . . . . 2380.
En 1770. . . . . 2296.
En 1780. . . . . 2548.
En 1790. . . . . 2268.
En 1800. . . . . 2290.
En 1820. . . . . 2530.
En 1840. . . . . 2950.
Et enfin en 1851. . . . . 3050.

Il y a annuellement à Barbentane, une année portant l'autre, 110 naissances, 90 décès et 35 mariages.

La paroisse, autrefois desservie par douze prêtres du pays, ne l'est plus actuellement que par un curé et son vicaire, auxquels nous ne pouvons nous empêcher ici d'adresser ce quatrain :

> Vénérables Pasteurs que la charité guide,
> Que de remercîmens ne vous devons-nous pas !
> Dans vos sages avis nous trouvons une égide
> Contre nos maux présens et l'horreur du trépas.

Le prévôt de la Métropole d'Avignon était prieur décimateur et nommait à la Cure avant la révolution.

Ce furent : en 1189 Guillaume, qui passa une convention avec Raymond de Barbentane au sujet de l'hommage et du cavalcaris de la seigneurie de Barbentane.

En 1200 Rostand, évêque d'Avignon.

En 1267 Pierre Malvicini.

En 1305 Bertrand de Auriaco.

En 1400 Geoffroi.

En 1504 Manald d'Aure, évêque de Tarbes, et prévôt d'Avignon, lequel mourut à Barbentane même, fut enterré devant notre maître autel et légua pour son anniversaire 5 florins.

(**Tiré des** archives de l'église métropolitaine.)

Il y avait alors à Barbentane les prieurés de Saint-Jean-de-Venasque, qui avait une chapelle dont on voyait les traces dans le cloître des Observantins, celui de Saint-André-de-Bagalance et le chapitre de Notre-Dame-de-Terrefort.

Il n'y a qu'un bureau de tabac.

Il y avait aussi deux notaires; il n'y en a plus qu'un aujourd'hui qui réunit les deux études.

Il y a un percepteur qui perçoit en même temps les contributions des trois Communes de Barbentane, de Boulbon et de Mézoargues. Il est chargé, en outre, des divers Syndicats, et paye par trimestre nos divers fonctionnaires.

Deux ou même trois médecins et deux sages-femmes ou accoucheuses y exercent leur art. On ne compte habituellement à l'hôpital que huit ou neuf malades.

Il part chaque année pour le service militaire sept ou huit conscrits, et il y en a toujours une trentaine sous les drapeaux. Trois de nos compatriotes qui avaient servi sous l'Empire ont reçu dernièrement de S. M. I. Louis Napoléon : le premier, une pension de deux cents francs ; le second, de deux cent trente ; et le troisième, de deux cent cinquante-cinq francs.

Il y a à Barbentane environ 900 familles domiciliées, près de 600 maisons dans l'enceinte du pays et près de 300 mas ou maisons de campagne. On peut dire, sous ce dernier rapport, que Barbentane depuis quelques années gagne en habitations.

On y compte de vingt à trente bourgeois, 400 agriculteurs, 300 paysans se louant à la journée et deux cents artisans entre traceurs de pierre, maçons, menuisiers, cordonniers, maréchaux, charrons, *etc.*, *etc.*

Le commerce de la garance occupe en été une dizaine de courtiers, sept ou huit charretiers publics, et pour son exploitation, environ douze cents hommes ; car il vient chaque année plus de cinq cents étrangers.

Il n'y a pas bien long - temps qu'on ne comptait à Barbentane que deux ou trois boutiques de revendeurs ; on en compte en ce moment plus de douze dans la ville et quatre à la campagne, ce qui témoigne hautement que la consommation y va toujours croissant et qu'il y a progrès dans l'industrie comme dans le bien-être de nos concitoyens. Il y a six fours à cuire le pain, un four à chaux et une pompe à incendie.

Les loyers d'habitation pour un bourgeois sont de cent à cent cinquante francs ; pour un ménager ou cultivateur, de quatre-vingts à cent; pour paysans et simples artisans, de cinquante à soixante francs.

Le voyageur peut descendre aux hôtels du cheval blanc, d'Arnoux ou de Debernardy. Et deux fois la semaine ou même à volonté il part des omnibus.

La levée des lettres de la boîte communale a lieu chaque matin vers les six à sept heures.

CHAPITRE XVII.

COSTUMES ANCIENS DES HOMMES ET DES FEMMES.

Une culotte courte de gros drap, espèce de bure désignée sous le nom de cadis, ou de velours, l'hiver, et en été, de fil ou de toile grossière, retenue sur les hanches par une boucle derrière la ceinture; des guêtres de peau attachées au genou par une jarretière; des souliers de peau blanche ; un gilet long et ample, une veste boutonnant juste ; une ceinture de laine variée de couleurs, fesant autour des reins deux ou même trois tours ; un chapeau tricorne ou bien à larges ailes ; une longue perruque poudrée, avec un nœud de ruban par-derrière, ou les cheveux liés en queue appelée *catagan* : tels ont été nos pères.

Les femmes âgées portaient de larges coiffes liées sous le menton ; un justaucorps ou drolet de soie noire ayant deux petites basques qui tombaient sur le derrière, des jupons assez courts, et lorsqu'elles allaient communier, des béguins de drap blanc ou des voiles plissés en forme de cocarde : telles étaient nos mères. Leurs parures consistaient en bracelets d'argent ou d'or auxquels était appendu un petit médaillon ; en une ceinture aussi d'argent, formée de plusieurs anneaux serrés les uns les autres, en forme de large chaîne, susceptible d'être pliée, d'où pendait un cordon d'argent auquel elles pouvaient suspendre leurs ciseaux ou leurs claviers : c'étaient là leurs joyaux.

COSTUMES MODERNES DES HOMMES ET DES FEMMES.

Les hommes âgés portent le chapeau rond à larges ailes, la cravate pendante et nouée sur le devant, une veste longue de drap ou de cadis, l'hiver, et de fil ou de laine légère, l'été. Dans la semaine, pourtant, la plupart, notamment pendant le froid, portent une blouse bleue ou grise, une culotte longue, un gilet ample, de gros souliers noirs ou blancs, le tout sans ornement, très-simple et très-commun.

Les femmes âgées portent, hiver et été, une large coiffe, serrée autour de la tête par un fichu commun, mais ample, et chez quelques-unes, par un modeste ruban. Une espèce de veste, dite casaque, presque toujours noire, ou seulement un tricot blanc ou gris, resserré par un corset; un jupon d'étoffe forte, l'hiver, et d'indienne, l'été; des bas de filosèle, de laine ou de coton, et des souliers ou galoches qu'on appelle *patins :* tel est le costume de nos vieilles femmes. On en rencontre peu qui portent des dorures. Pendant les fortes chaleurs elles vont en manches de chemise et très-souvent sans bas, ce qui est peu décent.

Dans leurs corvées à la ville ainsi qu'à la campagne elles portent sur la tête un large chapeau plat, d'un mètre environ de circonférence sur 40 centimètres de diamètre, et dont la coiffe supérieure ne présente à la vue que la faible hauteur de 4 centimètres.

Les hommes jeunes sont, les jours de fête et même les simples dimanches, plus richement vêtus que nos vieillards, leurs pères; ils portent tous des chapeaux plus fins, plus coquets, des habillemens plus recherchés et confectionnés avec plus de goût. Ils ont l'été un paletot ou longue veste, le gilet et le pantalon amples, la chemise plissée et des bottes pour chaussure. Peu amateurs des dorures, ils préfèrent les biens fonds, la bonne chère, le jeu et les plaisirs. Cependant ils ne se divertissent guère qu'au temps du carnaval et aux fêtes des confréries. Le costume des garçons plus somptueux peut-être n'en est pas moins le même.

Quoique plus simplement mises et moins parées que lorsqu'elles étaient filles, nos jeunes femmes à Barbentane manifestent encore aux jours de solennité quelques signes de luxe. Elles portent alors leurs joyaux éclatans et leurs plus beaux jupons : chaînes en or, pendants d'oreille, diamants, croix, médailles, tout sort alors pour la satisfaction d'une orgueilleuse vanité.

Les jeunes filles, dont la toilette est uniforme et sans variété, portent en hiver comme en été une petite coiffe de mousseline ou de tulle, le plus souvent artistement brodée et serrée autour de la tête par un superbe ruban satin ou velours soie. De riches pendans d'oreille, des cheveux bouclés et coquettement disposés pour faire ressortir agréablement les traits du visage complètent la coiffure, laquelle présente une telle hardiesse, tant de mobilité et de laisser-aller qu'on craindrait bien souvent de la voir dérangée au moindre mouvement. Mais ne vous inquiétez pas, la coquetterie est habile équilibriste.

Leur taille tient encore de la beauté des lignes des statues antiques ou des femmes de la Phocide ; leurs corsages de soie, de mérinos ou de satin, sont recouvertes l'hiver par de grands schals, des fichus en soie, napolitaine, mérinos, ou par des cachemires plus ou moins distingués. Elles revêtent encore l'hiver des mantilles en mérinos ou en napolitaine avec des agrafes en or et des blondes noires ornées de broderies autour du capuchon ; des jupons velours soie, flanelle, mérinos, napolitaine-laine ou drap de Silésie. L'été, elles portent des jupons en soie, satin, jaconat, toile fine et indienne plus ou moins distinguée, des fichus en tulle, soie ou mousseline ordinairement blanche ou de couleur fort claire, des bas de coton blanc avec bottines ou souliers élégants. Mais durant la saison chaude elles n'ont, aux jours de la semaine, qu'un tout petit corset et un simple jupon, ce qui les rend plus lestes.

A la vérité il y a à Barbentane plus de simplicité qu'à Arles et à Tarascon, mais si dans ces dernières villes il y a plus de luxe et plus de coquetterie, il y a dans la première plus de grâces naturelles.

CHAPITRE XVIII.

PROJETS D'UTILITÉ ET D'EMBELLISSEMENT.

Les projets d'utilité et d'embellissement dont la population entière réclame l'exécution sont : premièrement,
l'éclairage de nos rues au moyen de reverbères. En effet,
il est surprenant que dans un pays d'huile où les rues
sont assez étroites et coupées à chaque pas, où par con-

séquent on risque chaque soir de se casser la tête contre quelque coin de mur ou quelque embarras de charrette; l'administration n'ait pas eu soin jusqu'à ce jour de nous éclairer au moins les dimanches et les fêtes.

Néanmoins l'exécution de ce projet nous est déjà garantie par l'érection qu'on a faite de 14 reverbères.

Secondement. La construction , sur le Cours, d'une élégante fontaine alimentée par les eaux de la montagne ou du bassin inférieur; car il est fâcheux que dans la saison même la plus rigoureuse nos femmes ou nos filles, dont le tempérament est assez délicat, soient journellement forcées d'aller à un quart-d'heure de leurs habitations puiser l'eau dans des cruches, des arrosoirs ou des vases de cuivre qu'elles portent sur la tête.

Troisièmement. La confection d'une nouvelle route plus directe et plus douce, conduite par deux rangées de superbes platanes laquelle serait pour tous un ornement précieux et de la plus grande utilité ; car enfin, nous nous voyons contraints de convenir avec l'étranger qui vient nous visiter que les avenues de notre pays y sont par trop pénibles, périlleuses même, et n'ont rien d'attrayant.

Quatrièmement. La fondation 1° d'une Maison d'École à l'usage des garçons, dirigée , le plus tôt possible, par des Pères ou Frères de la doctrine chrétienne, assez spacieuse, et de belle apparence, le local actuel étant insuffisant et trop chétif pour nous ; 2° d'une École de filles évidemment urgente.

Cinquièmement. Un canal d'irrigation qui nous a été promis et dont l'accomplissement nous serait si favorable.

Sixièmement. Enfin, l'agrandissement de l'Église devenu si nécessaire , la restauration de notre ancienne flèche et l'acquisition de nouvelles cloches, projets dont l'exécution nous immortaliserait.

⸺⸺◆⸺⸺

Au pieds de l'Eternel, source de la lumière,
Sages Barbentanais, jetons-nous maintenant,
Et nous terminerons par cette humble prière
Que doit faire à son père un fils reconnaissant :
Père infiniment bon, du haut de ta puissance
Protége Barbentane et répands en ce jour
La paix et la gaîté, la pure jouissance
Dans ses murs et ses champs dignes de ton amour.
Fais que ses habitans sans chagrin, sans alarmes,
Coulent des jours heureux, au sein des doux plaisirs;
Fais que jamais leurs yeux ne se mouillent de larmes ;
Écoute, ô Jéhovah, la voix de nos soupirs.
Voilà, mes bons lecteurs, tout ce que j'ai pu faire
    Dans mon entendement,
Que d'autres prennent soin d'accomplir mon affaire
    Et je mourrai content.

FIN DU VOLUME.

Table des Matières.

FIN DE LA TABLE